もくじ

小学5年　漢字

JN096290

さくいん

・音読みの五十音順です。
・訓読みだけの漢字や音読みを小学校で習わない漢字は、訓読みをのせています。

1 四年生の復習《ふくしゅう》

名前　　点

月　日　時　分～　時　分

1 ――の漢字の読みがなを書きましょう。（一つ2点）

① 便利（　　）な道具。

② 特別（　　）列車（　　）が通る。

③ 失敗（　　）から学ぶ。

④ 桜《さくら》の花がさく　季節（　　）。

⑤ ちらしを　印刷（　　）する。

⑥ 街灯（　　）の明かりがつく。

⑦ 池の　周辺（　　）を歩く。

⑧ 約束（　　）を守る。

⑨ 辞典（　　）で調べる。

⑩ 望遠鏡（　　）をのぞく。

⑪ 作品が　完成（　　）する。

⑫ 会合を　欠席（　　）する。

⑬ 積極的（　　）に　戦（　　）うことをちかう。

⑭ 委員会の　選挙（　　）活動に　参加（　　）する。

⑮ 試験（　　）の　結果（　　）を知らせる。

漢字を知っトク！「便」を，「郵便《ゆうびん》」のように「たより」の意味で使うときは，「ビン」と読むことが多いよ。

2 漢字を書きましょう。（〰は、漢字と送りがなで書きましょう。）（一つ4点）

① 学校を□《あんない》する。

② □《けんこう》な体。

③ □《えいよう》のある食べ物。

④ □《ほうたい》をまく。

⑤ □《あいどくしょ》

⑥ □《じゅんい》が上がる。

⑦ □《えいご》の本。

⑧ へちまの□《かんさつ》。

⑨ 国を□《おさめる》。

⑩ 行いを□《あらためる》。

⑪ □《かならず》行く。

⑫ 目を□《さます》。

3 料理に関係のある漢字を書きましょう。（一つ4点）

① □《しお》……五グラム□《みまん》

② □《つめ》たい水を入れる。

③ 肉を□《や》く。

漢字を知っトク! 「みまん」は，（数字を前につけて）まだその数にとどかないこと，「以上」だと，その数も入れて，そこから上の数をいうよ。

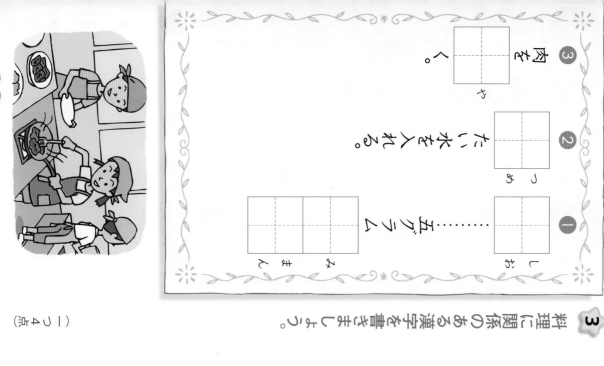

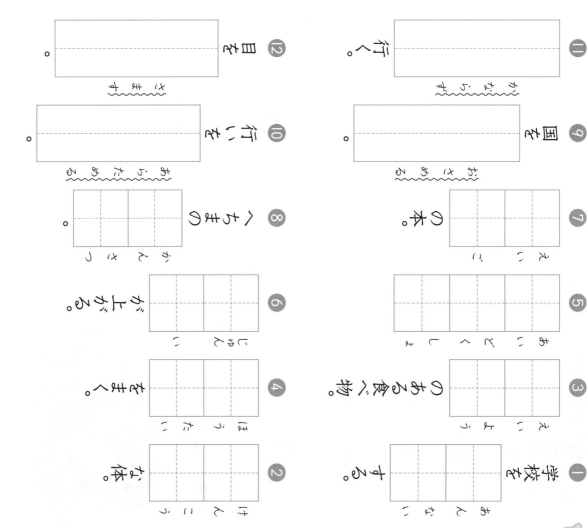

2 設・基・構・造・築

名前　　月　日　時　分〜　時　分　　点

筆順 1 2 3 4 5　まちがえやすいところ…

設（11画）

、 亠 亠 亠 言 言 言 訁 訁 設 設

曲げて　はねる　はらう

読み方　音 セツ　訓 もうける

言葉　建設《けんせつ》　設計《せっけい》　設置《せっち》　設備《せつび》　席《せき》を設《もう》ける

ポイント　建物や場所をこしらえる意味を表します。

設　ごんべん

基（11画）

一 十 廾 廾 甘 甘 其 其 其 基 基

長く　はらう　下を長く

読み方　音 キ　訓 （もと）

言葉　基金《ききん》　基準《きじゅん》　基地《きち》　基本《きほん》

成り立ち　「土」と「其」で四角い土台を表します。

基　つち

構（14画）

一 十 才 木 木 朩 朮 栉 栉 栉 構 構 構 構

つき出す　はねる　止める

読み方　音 コウ　訓 かまえる　かまう

言葉　構成《こうせい》　構想《こうそう》　店《みせ》を構《かま》える　弟《おとうと》を構《かま》う

注意　つき出す画、つき出さない画に注意しましょう。　×構

構　きへん

造（10画）

丿 𠂉 ⺧ 生 牛 告 告 告 浩 造

下を長く　一画で

読み方　音 ゾウ　訓 つくる

言葉　構造《こうぞう》　製造《せいぞう》　造花《ぞうか》　造船《ぞうせん》　酒造《さかづく》り

注意　「作る」との使い分けに注意しましょう。「造る」は土木工事など大きなものの場合に使います。

造　しんにょう　しんにゅう

築（16画）

丿 𠂉 𥫗 𥫗 ⺮ ⺮ 竺 竺 筇 筇 筑 筑 筑 築 築 築

曲げて　はねる　はらう　止める

読み方　音 チク　訓 きずく

言葉　改築《かいちく》　建築《けんちく》　新築《しんちく》　増築《ぞうちく》　関係《かんけい》を築《きず》く

注意　「築く」は「きづく」ではなく、「きずく」です。

築　たけかんむり

1 □に漢字を書きましょう。（うすい字はなぞりましょう。）（一つ2点）

1. せっけい　□計
2. もうける　□ける
3. きほん　□本
4. こうせい　□成
5. かまえる　□える
6. せいぞう　製□
7. つくる　□る
8. けんちく　建□

✦…まちがえやすい漢字

2 ――の漢字の読みがなを書きましょう。（一つ4点）

① 基準《じゅん》を定める。（　　）
② 新しい学校の建設。（　　）
③ 造花を部屋《へや》にかざる。（　　）
造花＝紙などでつくった花。
④ 店を改築する。（　　）
⑤ ひみつ基地で遊ぶ。（　　）
⑥ 消火器を設置する。（　　）
⑦ 石がきを✦築く。（　　）
⑧ 大きな店を✦構える。（　　）
⑨ 酒造りを見学する。（　　）
⑩ 小説の構想を練る。（　　）
構想＝考えを組み立てること。

3 漢字を書きましょう。（〰〰は、漢字と送りがなで書きましょう。）（一つ4点）

① 話の✦［　　］《こうせい》を考える。
② ［　　］《しんちく》の家に住む。
③ 子供《こども》の［　　］《ききん》をつくる。
ききん＝ある目的のために用意しておくおかね。
④ ビルの［　　］《せっけい》。
⑤ 家具を製《せい》［　］《ぞう》する会社。
⑥ 門を［　］《もう》ける。
⑦ ［　　］《もくぞう》の［　　］《けんちく》。
⑧ ［　　］《きほん》を学ぶ。
⑨ 身なりを［　　］《かまう》。
⑩ 道路を✦［　　］《つくる》。

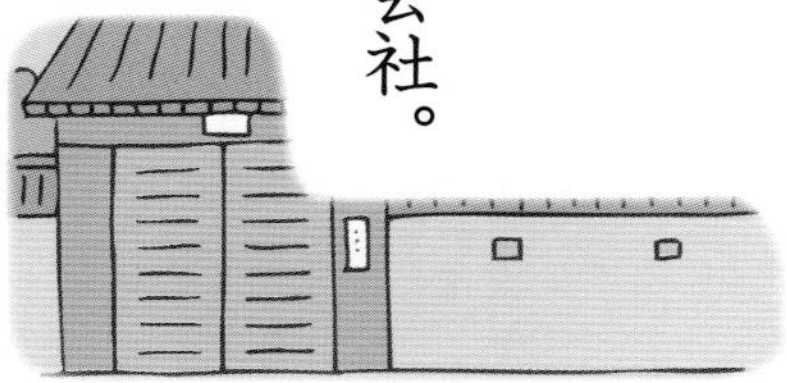

漢字を知っトク! 「基準《じゅん》」は，物事のもとになるもの。似《に》た意味の言葉に「標準」があるよ。

3 保・支・護・衛・救

月　日　時　分～　時　分

名前　　点

筆順 1 2 3 4 5　まちがえやすいところ…

保（9画）

保（はらう・止める）

ノ イ 亻 亻 亻口 亻口 亻呆 保 保

読み方 音 ホ　訓 たもつ

言葉 保育園《ほいくえん》　保温《ほおん》　保管《ほかん》　保健《ほけん》　健康《けんこう》を保《たも》つ

成り立ち 「イ」（人）と「呆」（赤んぼうをくるむ）で赤んぼうを大切に守り育てる人を表します。

保　にんべん

支（4画）

支（長く・あける・はらう）

一 十 ち 支

読み方 音 シ　訓 ささえる

言葉 支給《しきゅう》　支持《しじ》　支出《ししゅつ》　支店《してん》　柱《はしら》を支《ささ》える

成り立ち 「十（竹のえだ）」と「又（手）」を合わせた字です。

支　し

護（20画）

護（はらう）

丶 亠 亠 言 言 言 言 言 訁 訁 訁 訁 詳 詳 誰 誰 誰 護 護 護

読み方 音 ゴ

言葉 愛護《あいご》　看護《かんご》　保護《ほご》　養護《ようご》の先生《せんせい》

ポイント 「蒦」は草や鳥を手で守る意味があります。

護　ごんべん

衛（16画）

衛（「五」としない・はねる・止める）

ノ 彳 彳 彳 彳 彳 彳 彳 彳 彳 彳 彳 彳 衛 衛 衛

読み方 音 エイ

言葉 衛生《えいせい》　護衛《ごえい》　自衛《じえい》　人工衛星《じんこうえいせい》　防衛《ぼうえい》

注意 部首を「彳」（ぎょうにんべん）とまちがえないように注意。

衛

衛　ぎょうがまえ　ゆきがまえ

救（11画）

救（わすれずに・つける・はねる）

一 十 寸 寸 才 求 求 求 求 救 救

読み方 音 キュウ　訓 すくう

言葉 救急車《きゅうきゅうしゃ》　救護《きゅうご》　救出《きゅうしゅつ》　救助《きゅうじょ》　命《いのち》を救《すく》う

注意 「救う」は助けるという意味。「救急」は、「急救」と書きまちがえないようにしましょう。

救　のぶん　ぼくにょう　ぼくづくり

1 □に漢字を書きましょう。

（うすい字はなぞりましょう。）（一つ2点）

① □《ほ》育《いく》園《えん》

② □《たも》つ

③ □《し》店《てん》

④ □《ささ》える

⑤ 看《かん》□《ご》

⑥ □《えい》生《せい》

⑦ □《きゅう》□《ご》

⑧ □《すく》う

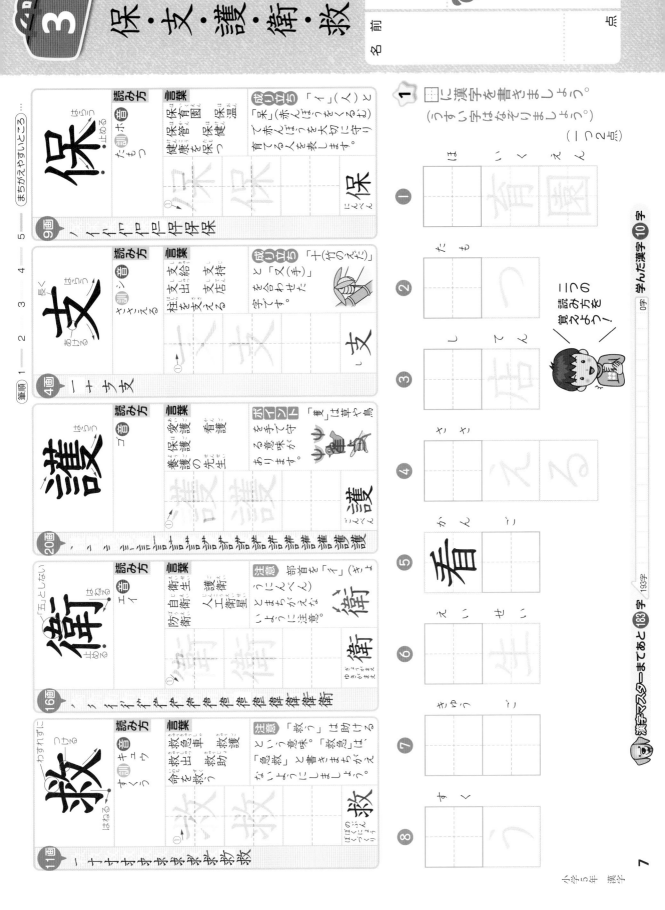

2 ――の漢字の読みがなを書きましょう。（一つ4点）

✦…まちがえやすい漢字

1 王座《おうざ》を防《ぼう》衛する。（　　）
2 救護に向かう。（　　）
3 保健室で休む。（　　）
4 子供《こども》を✦救出する。（　　）
5 全国に支店がある。（　　）
6 ご飯を保温する。（　　）
7 動物を愛護する。（　　）
8 救急病院へ行く。（　　）
9 物資《ぶっし》を✦支給する。（　　）
10 警察官《けいさつかん》が護衛する。（　　）

護衛＝付きそって守ること。

3 漢字を書きましょう。（〰〰は、漢字と送りがなで書きましょう。）（一つ4点）

1 食品の（えいせい）と安全。
2 けが人の（きゅうじょ）。
3 犬を（ほご）する。
4 看《かん》（ご）師《し》の話。
5 （ほいくえん）に通う。
6 みんなの✦（しじ）を集める。
7 （ししゅつ）を一定に（たも）つ。
8 人工✦（えいせい）
9 命を（すくう）。
10 両手で（ささえる）。

漢字を知っトク! 「ししゅつ」↔「収入《しゅうにゅう》」，「支店」↔「本店」。反対の意味の言葉は組にして覚えておこう。

4 報・示・応・提・述

名前　　月　日　時　分～　時　分　　点

筆順 1 2 3 4 5　（まちがえやすいところ）…

報（12画）

はねる　はらう　止める

一 十 土 キ 去 圭 幸 幸 𠮷 挈 𡙇 報

読み方　音 ホウ　訓（むくいる）

言葉　情報《じょうほう》　速報《そくほう》　天気予報《てんきよほう》　報告《ほうこく》　報道《ほうどう》

注意　「報」の右側部分を「皮」としないようにしましょう。

報　つち

示（5画）

下を長く　はらう　はねる　止める

一 二 亍 亓 示

読み方　音 ジ（シ）　訓 しめす

言葉　暗示《あんじ》　指示《しじ》　展示《てんじ》　表示《ひょうじ》　考《かんが》えを示《しめ》す

成り立ち　神へのそなえものをのせる祭だんを表します。

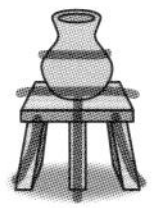

示　しめす

応（7画）

はらう　曲げて　はねる　止める

丶 亠 广 广 広 応 応

読み方　音 オウ　訓 こたえる

言葉　応接間《おうせつま》　応用《おうよう》　対応《たいおう》　反応《はんのう》　手応《てごた》え

ポイント　「応える」は応じる、「答える」は返答の意味です。

応　こころ

提（12画）

長く　はねる　はらう

一 十 扌 扌 扌 押 押 担 捍 捍 捍 提

読み方　音 テイ　訓（さげる）

言葉　提案《ていあん》　提供《ていきょう》　提示《ていじ》　提出《ていしゅつ》

注意　八画目の横画を忘《わす》れないようにしましょう。

提

提　てへん

述（8画）

一画で　わすれずに　止める

一 十 才 木 朮 术 沭 述

読み方　音 ジュツ　訓 のべる

言葉　記述《きじゅつ》　口述筆記《こうじゅつひっき》　述語《じゅつご》　礼《れい》を述《の》べる

ポイント　似《に》た意味の言葉に、「語る」「言う」「説く」があります。

述　しんにょう　しんにゅう

1 □に漢字を書きましょう。（うすい字はなぞりましょう。）（一つ2点）

① ほうこく　□告

② しじ　指□

③ しめす　□す

④ おうよう　□用

⑤ こたえる　□える

⑥ ていあん　□案

⑦ じゅつご　□語

⑧ のべる　□べる

✦…まちがえやすい漢字

2 ——の漢字の読みがなを書きましょう。（一つ4点）

1. 手本を示す。（　）
2. 物音に反応✦する。（　）
3. 条件《じょうけん》を提示する。（　）
4. 結果を報告《こく》する。（　）
5. 学級会で✦提案する。（　）
6. くわしく記述する。（　）
   記述＝文章に書き記すこと。
7. 適切《てきせつ》に対応する。（　）
8. 成分を表示する。（　）
9. 事件《じけん》を報道する。（　）
10. ✦手応えを感じる。（　）

3 漢字を書きましょう。（〰〰は、漢字と送りがなで書きましょう。）（一つ4点）

1. 相談に□□《おう》じる。
2. 天気□□□□《よほう》
3. ✦□□□□《しじ》にしたがう。
4. 宿題を□□□□《ていしゅつ》する。
5. 作品を展《てん》□□《じ》する。
6. 主語と□□□□《じゅつご》。
7. □□□□《おうよう》問題を解《と》く。
8. 情《じょう》□□《ほう》を□□《てい》供《きょう》する。
9. 意見を□《のべる》。
10. 期待に✦□《こたえる》。

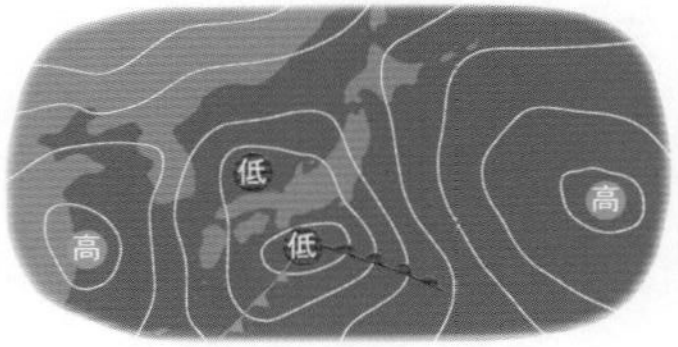

漢字を知っトク! 「しじにしたがう」の「しじ」は，さしずするという意味だよ。「支持」と書きまちがえやすいので注意しよう。

識・独・興・告・志

名前

月 日 時 分～ 時 分

点

筆順 1 2 3 4 5 まちがえやすいところ…

識

19画

わすれずに 長く はねる

読み方 音 シキ

言葉 意識《いしき》 知識《ちしき》 標識《ひょうしき》 常識《じょうしき》

成り立ち 「言」(言葉)と「戠」(目印)を合わせた字です。区別する、見分けることを表します。

識 ごんべん

独

9画

つき出さない はねる 止める 右上へ

ノ 犭 独

読み方 音 ドク 訓 ひとり

言葉 単独《たんどく》 独身《どくしん》 独特《どくとく》 独立《どくりつ》 独《ひと》り言《ごと》

ポイント 「一人《ひとり》」は人数、「独り」は仲間がいないことです。

独 けものへん

興

16画

折る 長く 止める

読み方 音 コウ キョウ

言葉 興奮《こうふん》 復興《ふっこう》 興味《きょうみ》 余興《よきょう》

成り立ち 「二人《ふたり》が左右の手で持ち上げる形」に「同」(いっしょに)を合わせた字です。

興 うす

告

7画

長く

読み方 音 コク 訓 つげる

言葉 広告《こうこく》 告白《こくはく》 報告《ほうこく》 予告《よこく》 名前《なまえ》を告《つ》げる

注意 三画目は、上につき出して書きます。

告 くち

志

7画

上を長く 曲げてはねる 止める

一 十 士 志

読み方 音 シ 訓 こころざす こころざし

言葉 意志《いし》 志望《しぼう》 医師《いし》を志《こころざ》す 志《こころざし》が高《たか》い

ポイント 「士」と「心」で何かを目指してまっすぐに進む心、という意味をもちます。

志 こころ

1 □に漢字を書きましょう。(うすい字はなぞりましょう。) (一つ2点)

① 知《ち》□《しき》

② □《どく》立《りつ》

③ □《ひと》り

④ □《こう》奮《ふん》

⑤ □《きょう》味《み》

⑥ 広《こう》□《こく》

⑦ 意《い》□《し》

⑧ □《こころざ》す

✦…まちがえやすい漢字

2 ――の漢字の読みがなを書きましょう。（一つ4点）

1. 余《よ》興 に歌を歌う。（　　）
余興＝会などで楽しませるための歌やおどりなど。
2. 独 り言をつぶやく。（　　）
3. ✦ 知識 を深める。（　　）
4. 先生に 報告 する。（　　）
5. 復《ふっ》興 に力を注ぐ。（　　）
復興＝おとろえたものが、さかんになること。
6. ✦ 意志 が固い。（　　）
7. 志 を高くもつ。（　　）
8. ✦ 独特 な香りがする。（　　）
独特＝そのものだけがもっているもの。
9. 常《じょう》 識 を身につける。（　　）
10. ひみつを 告白 する。（　　）

3 漢字を書きましょう。（〰〰は、漢字と送りがなで書きましょう。）（一つ4点）

1. ［　　　　］《きょうみ》深い話。
2. 道路［　　　　］《ひょうしき》
3. ［　　］《こう》奮《ふん》が冷めない。
4. 人の目を［　　　　］《いしき》する。
5. ✦ 進学を［　　　　］《しぼう》する。
6. 親から［　　　　］《どくりつ》する。
7. 自分の［　　］《こころざし》を［　　］《つ》げる。
8. ✦ ［　　］《ひと》りぼっちでねむる。
9. 新聞に［　　　　］《こうこく》をのせる。
10. 学者を［　　　　］《こころざす》。

漢字を知っトク! 「意志」はやりとげようとする心のこと。「意思」は思いや考えのこと。使い分けに注意しよう。

6 確認《かくにん》テスト 1

名前

月　日

目標 15分

点

1 ――の漢字の読みがなを書きましょう。（一つ3点）

1 自衛の手段《しゅだん》を取る。

2 単独で行動する。

3 体の構造を調べる。

4 母に行き先を告げる。

5 応接《せっしつ》室に客を通す。

6 救いの手を差しのべる。

7 養護の先生が薬を保管する。

8 有志で、町の復《ふっ》興を目指す。

有志＝あることをしようとする気持ちがある人々。

9 新しい構想について述べる。

2 ――の漢字の読みがなを書きましょう。（一つ3点）

1 十分な設備《び》をもつ。

2 機会を設ける。

3 家を増《ぞう》築する。

4 てい防《ぼう》を築く。

漢字を知っトク！「単独」の「単」も「独」もひとり，ひとつの意味。「単独」は似《に》た意味の漢字を組み合わせてできた言葉だよ。

3 漢字を書きましょう。（〰〰は、漢字と送りがなで書きましょう。）（一つ3点）

❶ 問題□《いしき》をもつ。

❷ □《きゅうきゅうしゃ》

❸ □《どくしん》の若者《わかもの》。

❹ 答案を□《ていしゅつ》する。

❺ ニュース□《そくほう》

❻ 留学《りゅうがく》を□《しぼう》する。

❼ 映画《えいが》の□《よこく》が流れる。

❽ 温度を一定に□《たもつ》。

❾ □《きほん》のやり方を□《しめす》。

❿ □《けんちくか》を□《こころざす》。

4 同じ読み方をする漢字を書きましょう。（一つ4点）

❶ 大きな庭園を□《つく》る。

❷ 夕食を□《つく》る。

❸ □《しじ》をあたえる。

❹ 多数の□《しじ》を得《え》る。

漢字を知っトク! 「しぼう」と似《に》た意味の言葉に「し願」が，「きほん」と似た意味の言葉に「きそ」があるよ。いっしょに覚えよう。

7 務・政・総・税・勢

名前　　月　日　時　分～　時　分　　点

筆順 1 2 3 4 5　まちがえやすいところ…

務（11画）

はねる　はらう　つき出す　はねる

マ マ ヌ 予 矛 矛 矛 矜 矜 務 務

読み方　音 ム　訓 つとめる　つとまる

言葉　義務《ぎむ》　公務員《こうむいん》　事務《じむ》　任務《にんむ》　議長《ぎちょう》を務《つと》める

注意　「矛」を「予」と書かないようにしましょう。　×務

務　ちから

政（9画）

はらう　右上へ

一 丁 下 正 正 正 正 政 政

読み方　音 セイ

言葉　行政《ぎょうせい》　国政《こくせい》　財政《ざいせい》　政治《せいじ》　政府《せいふ》

成り立ち　「攵」（動作を表す記号）と「正」を合わせた字です。

政　ぼくにょう　ぼくづくり　のぶん

総（14画）

はらう　曲げてはねる　止める

く 幺 幺 糸 糸 糸 糸 糸 紒 紒 絵 総 総 総

読み方　音 ソウ

言葉　総会《そうかい》　総画数《そうかくすう》　総計《そうけい》　総合《そうごう》　総理大臣《そうりだいじん》

ポイント　「総合」は全部を合わせる、「総力」は全部の力という意味です。

総　いとへん

税（12画）

曲げてはねる　止める

一 二 千 禾 禾 禾 禾 秆 秒 税 税 税

読み方　音 ゼイ

言葉　関税《かんぜい》　消費税《しょうひぜい》　所得税《しょとくぜい》　税金《ぜいきん》

成り立ち　「禾」（いね）と「兑」（ぬき取る）を合わせ、国などが作物の一部を取り立てる意味です。

税　のぎへん

勢（13画）

わすれずに　曲げてはねる　はねる

一 十 土 夫 夫 夫 坴 坴 坴 埶 埶 勢 勢

読み方　音 セイ　訓 いきおい

言葉　運勢《うんせい》　大勢《おおぜい》　形勢《けいせい》　勢力《せいりょく》　勢《いきお》いがいい

注意　「勢きおい」や「勢おい」と書かないようにしましょう。

勢　ちから

1 □に漢字を書きましょう。（うすい字はなぞりましょう。）（一つ2点）

① 事《じ》□《む》

② □《つと》める

③ □《せい》治《じ》

④ □《そう》画《かく》数《すう》

⑤ □《そう》計《けい》

⑥ 消《しょう》費《ひ》□《ぜい》

⑦ □《せい》力《りょく》

⑧ □《いきお》い

漢字マスターまであと 168 字　193字　0字　学んだ漢字 25 字

✦…まちがえやすい漢字

2 ――の漢字の読みがなを書きましょう。（一つ4点）

① 意見を総合✦する。（　）
② 消費《しょうひ》✦税をふくむ金額《きんがく》。（　）
③ 公務員を目指す。（　）
④ お酒にかかる関税。（　）
関税＝外国から買い入れる品物にかけられるぜいきん。
⑤ 形勢が逆転《ぎゃくてん》する。（　）
⑥ 義《ぎ》務を果たす。（　）
⑦ 総会を開く。（　）
⑧ ✦総理大臣が話す。（　）
⑨ 運勢をうらなう。（　）
⑩ 国政に関する選挙。（　）
国政＝国のせいじ。

3 漢字を書きましょう。（〰〰は、漢字と送りがなで書きましょう。）（一つ4点）

① ✦□□《せいじ》に関心をもつ。
② □□《せいりょく》を広げる。
③ □□《ぜいきん》の使い道。
④ □□《おおぜい》の人。
⑤ □□《じむ》の係。
⑥ 漢字の□□□《そうかくすう》。
⑦ 財《ざい》□《せい》の仕組み。
財せい＝国や県、市町村などのお金のやりくり。
⑧ □□《そうごう》的な任《にん》□《む》。
⑨ □《いきおい》がいい。
⑩ 議長を✦□《つとめる》。

漢字を知っトク! 「つとめる」の使い分けに注意しよう。努力するときは「努める」，任《にん》むや役目を受けもつときは「務める」と書くよ。

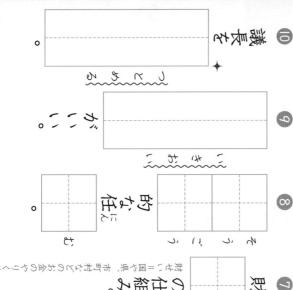

筆順 1 2 3 4 5 まちがえやすいところ…

8 編・布・織・績・綿

月 日 時 分～ 時 分

名前 点

編（15画）

はねる 止める

読み方 音 ヘン 訓 あむ

言葉 長編小説《ちょうへんしょうせつ》 編曲《へんきょく》 編集《へんしゅう》 毛糸《けいと》で編《あ》む

成り立ち 「扁」は平らでうすい竹札のこと。字を書いた竹札を、糸でとじることを表した字です。

いとへん 編

布（5画）

長く つき出す はねる はらう

読み方 音 フ 訓 ぬの

言葉 散布《さんぷ》 配布《はいふ》 分布《ぶんぷ》 毛布《もうふ》 布《ぬの》きれ 布地《ぬのじ》

注意 左はらいから書き始めることに注意します。 布

はば 布

織（18画）

たてに わすれずに 一画で はねる

読み方 音 シキ 訓 おる

言葉 組織《そしき》 織物《おりもの》 布《ぬの》を織《お》る

注意 十一画目は横に長く書きます。形の似た字に「識」があるので、区別して書きましょう。

いとへん 織

績（17画）

横画は三本 止める

読み方 音 セキ

言葉 業績《ぎょうせき》 実績《じっせき》 成績《せいせき》 功績《こうせき》

注意 形の似た字に「積」があります。注意しましょう。 績 積

いとへん 績

綿（14画）

はねる

読み方 音 メン 訓 わた

言葉 綿織物《めんおりもの》 綿花《めんか》 綿糸《めんし》 綿《わた》あめ 綿毛《わたげ》

成り立ち もとの漢字は「緜」。「系」（糸がつながる）と「帛」（白い布）を合わせた字です。

いとへん 綿

1 □に漢字を書きましょう。（うすい字はなぞりましょう。）（一つ2点）

① □《へん》集《しゅう》

② □《あ》む

③ 毛《もう》□《ふ》

④ 組《そ》□《しき》

⑤ □《お》る

⑥ 成《せい》□《せき》

⑦ □《めん》花《か》

⑧ □《わた》あめ

✦…まちがえやすい漢字

2 ──の漢字の読みがなを書きましょう。（一つ4点）

1. 農薬を✦散布する。（　　）
   散布＝まきちらすこと。
2. すぐれた功績を残す。（　　）
   功績＝世の中のためになる働き。手がら。
3. 編曲を楽しむ。（　　）
   編曲＝ある音楽の曲を、他の演奏《えんそう》のしかたにかえること。
4. 綿あめを食べる。（　　）
5. 四角い布きれ。（　　）
6. 綿花を育てる。（　　）
   綿花＝ワタの種を包むせんい。
7. チームの実績。（　　）
8. プリントを配布する。（　　）
9. テストの✦成績がよい。（　　）
10. 美しい織物。（　　）

3 漢字を書きましょう。（〰〰は、漢字と送りがなで書きましょう。）（一つ4点）

1. 新聞を□□《へんしゅう》する。
2. ✦□□《そしき》をまとめる。
3. 厚《あつ》い□□《もうふ》。
4. □□《わたげ》が飛ぶ。
5. 人口の□□《ぶんぷ》。
   ぶんぷ＝わかれて広がっていること。
6. □□《ちょうへん》小説を読む。
7. □□《めんし》でできた□《ぬの》。
   めんし＝もめんいと。
8. □□《ぎょうせき》を上げる。
9. はたを□《おる》。
10. 毛糸で✦□《あむ》。

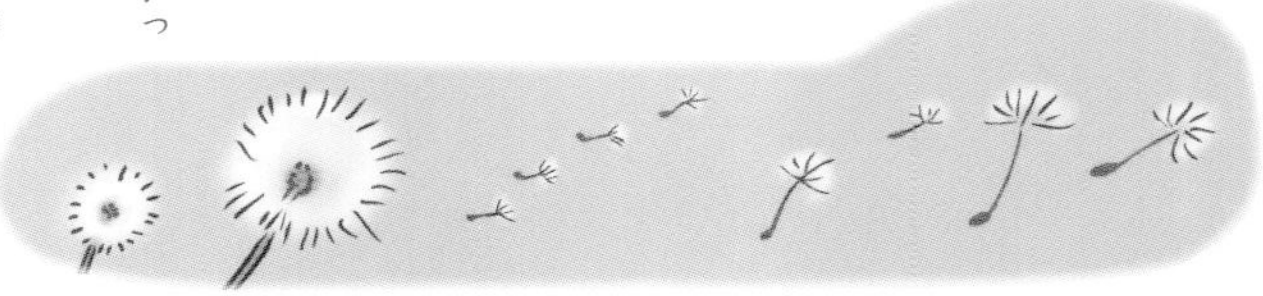

漢字を知っトク! 「おる」の使い分けに注意しよう。曲げるときは「折る」，糸から布を作るときは「織る」と書くよ。

9 断・接・寄・絶・導

名前　　　月　日　　時　分～　時　分　　　点

筆順 1　2　3　4　5　まちがえやすいところ…

断（11画）

一画で　はらう

読み方 音 ダン　訓 （たつ）　ことわる

言葉 横断《おうだん》　断面《だんめん》　判断《はんだん》　無断《むだん》　参加《さんか》を断《ことわ》る

成り立ち 糸の束を「斤」（おの）で切ることを表します。

断　おのづくり

接（11画）

たてに　少しつき出す　はねる　止める

読み方 音 セツ

言葉 間接《かんせつ》　接近《せっきん》　接続《せつぞく》　接着《せっちゃく》　直接《ちょくせつ》　面接《めんせつ》

ポイント くっつく・近づく・人と会う、という意味があります。

接　てへん

寄（11画）

長く　はねる

読み方 音 キ　訓 よる　よせる

言葉 寄港《きこう》　寄付《きふ》　近寄《ちかよ》る

成り立ち 「宀」（いえ）と「奇」（よりかかる）を合わせた字です。家に身をよせることを表します。

寄　うかんむり

絶（12画）

曲げて　はねる

読み方 音 ゼツ　訓 たえる　たやす　たつ

言葉 絶景《ぜっけい》　絶対《ぜったい》　消息《しょうそく》が絶《た》える　関係《かんけい》を絶《た》つ

注意 「建つ」「立つ」との使い分けに注意しましょう。つながりを切るときは「絶つ」を使います。

絶　いとへん

導（15画）

一画で　わすれずに　はねる

読み方 音 ドウ　訓 みちびく

言葉 指導《しどう》　先導《せんどう》　導火線《どうかせん》　導入《どうにゅう》　会場《かいじょう》に導《みちび》く

ポイント 案内するときは、「寸」（手）で「導（く）」と覚えましょう。

導　すん

1 □に漢字を書きましょう。（うすい字はなぞりましょう。）（一つ2点）

① 横□（おう だん）

② □る（ことわ）

③ 直□（ちょく せつ）

④ □付（き ふ）

⑤ 近□る（ちか よ）

⑥ □対（ぜっ たい）

⑦ 指□（し どう）

⑧ □く（みちび）

✦…まちがえやすい漢字

2 ――の漢字の読みがなを書きましょう。（一つ4点）

① すい星が✦接近する。（　　）

② 無断で立ち去る。（　　）

③ 間接的に聞いた話。（　　）
間接＝じかではなく、間にあるものを通して接すること。

④ 上級生が先導する。（　　）
先導＝先に進んで案内すること。

⑤ 急行列車に接続する。（　　）

⑥ おかしを持ち寄る。（　　）

⑦ 立方体の断面。（　　）

⑧ 大型船《おおがたせん》が寄港する。（　　）
寄港＝一時的に港に寄ること。

⑨ 連らくを✦絶つ。（　　）

⑩ 絶景をながめる。（　　）
絶景＝すばらしい景色《けしき》。

3 漢字を書きましょう。（〰〰は、漢字と送りがなで書きましょう。）（一つ4点）

① 機械を□□《どうにゅう》する。

② ✦□□《きふ》をつのる。

③ □□《ぜったい》に勝つ。

④ 予防《よぼう》□□《せっしゅ》を受ける。

⑤ 花火の□□□《どうかせん》。

⑥ 道路を□□《おうだん》する。

⑦ □□《ちょくせつ》の□□《しどう》。

⑧ □□《せっちゃく》ざいを使う。

⑨ 参加を〰〰《ことわる》。

⑩ 会場へ✦〰〰《みちびく》。

漢字を知っトク！「みちびく」の送りがなを，「導ちびく」「導びく」としないように注意しよう。

10 移・居・留・囲・招

名前　　点
月　日　時　分～　時　分

筆順　1　2　3　4　5　まちがえやすいところ…

移
11画　ノ　二　千　禾　禾　禾　移　移　移　移　移
（折る・止める）

読み方　音 イ　訓 うつる　うつす

言葉　移転《いてん》　移動《いどう》　席《せき》を移《うつ》す

注意　「写る」との使い分けに注意しましょう。場所や時間が変わるときは「移る」です。

移　のぎへん

居
8画　フ　コ　尸　尸　尸　居　居　居
（はらう・折る・長く）

読み方　音 キョ　訓 いる

言葉　住居《じゅうきょ》　新居《しんきょ》　同居《どうきょ》　別居《べっきょ》　居直《いなお》る　居間《いま》

ポイント　台にこしを下ろして落ち着くことを表します。

居　しかばね　しかばね

留
10画　ノ　ㄣ　ㄣ　ㄣ　ㄣ　留　留　留　留　留
（つき出さない・はねる）

読み方　音 リュウ　ル　訓 とめる　とまる

言葉　残留《ざんりゅう》　保留《ほりゅう》　留学《りゅうがく》　留守番《るすばん》　ボタンを留《と》める

注意　「止める」との使い分けに注意しましょう。固定してとどめるときは「留める」です。

留　た

囲
7画　丨　冂　冂　冂　囲　囲　囲
（折る）

読み方　音 イ　訓 かこむ　かこう

言葉　周囲《しゅうい》　包囲《ほうい》　取《と》り囲《かこ》む　さくで囲《かこ》う

注意　五画目の最後は「止める」ではなく、左にはらいます。○囲

囲　くにがまえ

招
8画　一　十　扌　扌　扌　招　招　招
（つき出さない・はねる）

読み方　音 ショウ　訓 まねく

言葉　招集《しょうしゅう》　招待《しょうたい》　家《いえ》へ招《まね》く　手招《てまね》き

成り立ち　「扌」(手)と「召」(よび寄せる)を合わせた字です。

招　てへん

1 □に漢字を書きましょう。
（うすい字はなぞりましょう。）
（一つ2点）

① いどう　□動
② うつ　□す
③ じゅうきょ　住□
④ りゅうがく　□学
⑤ しゅうい　周□
⑥ かこ　□む
⑦ しょうたい　□待
⑧ まね　□く

漢字マスターまであと 153 字　193字　0字　学んだ漢字 40 字

✦…まちがえやすい漢字

2 ——の漢字の読みがなを書きましょう。（一つ4点）

① チームに✦残留する。（　　）
② 新居を構える。（　　）
③ 荷物を移す。（　　）
④ 庭をさくで囲う。（　　）
⑤ 居間で遊ぶ。（　　）
⑥ 返事を保留する。（　　）
保留＝すぐに決めず、先のばしにすること。
⑦ 弟を手招きする。（　　）
⑧ 店を✦移転する。（　　）
⑨ 花に目を留める。（　　）
⑩ 祖父《そふ》と同居する。（　　）

3 漢字を書きましょう。（〰〰は、漢字と送りがなで書きましょう。）（一つ4点）

① 家の□□《しゅうい》を歩く。
② 電車で□□《いどう》する。
③ 海外へ□□《りゅうがく》する。
④ 友を✦□□《しょうたい》する。
⑤ 外国に□□《いじゅう》する。
⑥ ✦□□□《るすばん》をする。
⑦ 敵《てき》に□□《ほうい》される。
⑧ □□《じゅうきょ》が□《うつ》る。
⑨ お城《しろ》を取り□《かこ》む。
⑩ 家に□《まねく》。

漢字を知っトク! 「居間」の「居」は訓読みで読むよ。「居場所」「鳥居」などの「居」も訓読みだね。

11 確認《かくにん》テスト 2

名前
月　日
●目標 15分
点

1 ――の漢字の読みがなを書きましょう。（一つ3点）

❶ 居直（　）ってあいさつする。
居直る＝すわり直して形を正す。

❷ 大会で 実績（　）を残す。

❸ 得点《とくてん》の 総計（　）を出す。

❹ そっと動物に 近寄（　）る。

❺ 市民の意見を 行政（　）に生かす。
行政＝法律《ほうりつ》にしたがって、国や県、市町村などをおさめること。

❻ 会を 招集（　）する。

❼ 短編集（　）を会員に 配布（　）する。

❽ 事務（　）の仕事について 指導（　）する。

❾ 絶景（　）が見える場所に 移動（　）する。

2 ――の漢字の読みがなを書きましょう。（一つ3点）

❶ 綿織物（　）を売る店。
❷ 綿毛（　）が飛ぶ。

❸ 留学（　）の体験を語る。
❹ 家を 留守（　）にする。

漢字を知っトク! 「実績」とは，じっさいにやりとげた成果や成績のこと。つみ重ねるという意味の「積」とまちがえないようにしよう。

3 漢字を書きましょう。（〰〰は、漢字と送りがなで書きましょう。）（一つ3点）

❶ 祖母《そぼ》と□□《べっきょ》する。

❷ 主役は□《つと》まると思う。

❸ 今日《きょう》の□□《うんせい》。

❹ 学校に□□《きふ》をする。

❺ 所得《しょとく》□《ぜい》を納《おさ》める。

❻ セーターを□《あ》む。

❼ 台風が□□《せっきん》する。

❽ 隊員の消息が□《たえる》。

❾ □□《せいふ》の判《はん》□《だん》を待つ。

❿ □□《そしき》を□《みちびく》。

4 同じ読み方をする漢字を書きましょう。（一つ4点）

❶ 犯人《はんにん》を□□《ほうい》する。

❷ 南東の□□《ほうい》。

❸ □□《しょうたい》券《けん》をもらう。

❹ □□《しょうたい》をあばく。

漢字を知っトク！「あむ」は，糸などをたがいちがいにくんでセーターなどを作ること。他に，文章を集めて本にするという意味もあるよ。

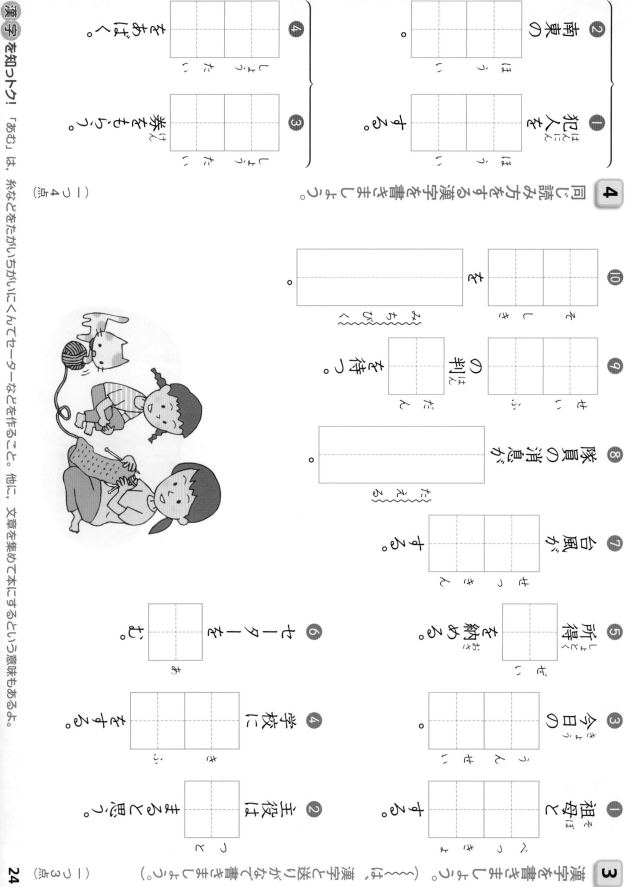

12 経・営・輸・易・貿

名前

月 日 時 分～ 時 分

点

筆順 1 2 3 4 5 まちがえやすいところ…

経

11画

く ㄠ 幺 糸 糸 糸 紀 紀 経 経 経

あける はらう 止める 下を長く

読み方 音 ケイ（キョウ） 訓 へる

言葉 経過《けいか》 経験《けいけん》 経済《けいざい》 神経《しんけい》 年《とし》を経《へ》る

注意 同じ部分をもつ字に「径」「軽」があります。 経 径 軽

経 いとへん

営

12画

、 ‥ ‥ 〝 㓁 㓁 ⺍ 営 営 営 営 営

上より大きく

読み方 音 エイ 訓 いとなむ

言葉 運営《うんえい》 営業《えいぎょう》 経営《けいえい》 市営《しえい》 商店《しょうてん》を営《いとな》む

注意 形の似《に》ている字に「宮」があります。注意しましょう。 営 宮

営 つかんむり

輸

16画

一 ⺊ 戸 百 亘 車 車 軡 軡 軡 軡 輸 輸 輸 輸 輸

はらう はねる 止める

読み方 音 ユ

言葉 空輸《くうゆ》 輸血《ゆけつ》 輸出《ゆしゅつ》 輸送《ゆそう》 輸入《ゆにゅう》

注意 形の似ている字に「輪」があります。注意しましょう。

輸 くるまへん

易

8画

丨 ㄇ 日 日 月 㫃 易 易

折る はねる

読み方 音 エキ イ 訓 やさしい

言葉 易者《えきしゃ》 交易《こうえき》 安易《あんい》 容易《ようい》 易《やさ》しい問題《もんだい》

注意 「日」の下に「一」を書かないようにしましょう。 ×昜

易 ひ

貿

12画

ノ ㇗ ㇗ 㐬 㐬 㐬 贸 贸 贸 贸 贸 貿

つき出さない はねる はらう 止める

読み方 音 ボウ

言葉 貿易《ぼうえき》 貿易会社《ぼうえきがいしゃ》 貿易風《ぼうえきふう》

ポイント 赤道に向かう風を利用して貿易をしたことから、この風を「貿易風」とよびます。

貿 こがい

1 □に漢字を書きましょう。（うすい字はなぞりましょう。）（一つ2点）

❶ けいけん（□□験）

❷ へ（□る）

❸ えいぎょう（□業）

❹ いとな（□む）

❺ ゆしゅつ（□出）

❻ あんい（安□）

❼ やさ（□しい）

❽ ぼうえき（□□）

漢字マスターまであと148字 193字 0字 学んだ漢字45字

✦…まちがえやすい漢字

2 ――の漢字の読みがなを書きましょう。（一つ4点）

1 長い年月を✦経る。（　）

2 輸出が増《ふ》える。（　）

3 外国と交易する。（　）

4 大会を運営する。（　）

5 易しく説明する。（　）

6 貿易風がふく。（　）

7 日々の営み。（　）

8 神経を使う。（　）
神経＝物事を感じる心の働き。

9 容《よう》✦易ではない。（　）
容易＝たやすいこと。やさしいこと。

10 病院で輸血する。（　）
輸血＝血が不足した体に、健康な人の血を入れること。

3 漢字を書きましょう。（〰〰は、漢字と送りがなで書きましょう。）（一つ4点）

1 会社を けいえい する。

2 あんい な方法。
あんい＝手軽なこと。むずかしくないこと。

3 飲料水を くうゆ する。

4 時の けい 過《か》。

5 ✦ぼうえき の仕組み。

6 しえい プール

7 物資《ぶっし》を ゆそう する。

8 えいぎょう の けいけん。

9 この問題は やさしい。

10 商店を✦ いとなむ。

漢字を知っトク！「易」の音読みは二つあるよ。「容《よう》易」「安易」のときと，「貿易」「交易」「易者」のときとで，区別して読めるようにしよう。

13 規・制・判・弁・則

名前　　　点

月　日　時　分～　時　分

筆順 1 2 3 4 5　まちがえやすいところ…

規（11画）

一 二 チ 夫 夫 知 知 規 規 規 規

曲げてはねる　止める

読み方 音 キ

言葉 規定《きてい》　規約《きやく》　定規《じょうぎ》　規模《きぼ》

成り立ち 「矢」の変形「夫」と「見」を合わせた字で、円をかく道具を表します。

みる　規

制（8画）

ノ ㇉ 𠂉 牛 制 制 制 制

つき出す　はねる

読み方 音 セイ

言葉 規制《きせい》　制止《せいし》　制服《せいふく》　制限《せいげん》　制度《せいど》　制約《せいやく》

成り立ち 枝《えだ》をきれいに整えることを表した字。「刂」(刀)で

りっとう　制

判（7画）

丶 丷 䒑 兰 半 半 判

つき出す　止める

読み方 音 ハン バン

言葉 判断《はんだん》　判明《はんめい》　小判《こばん》　判定《はんてい》　大判《おおばん》　評判《ひょうばん》

成り立ち 「刂」(刀)と「半」(半分にする)でできた字。よしあしを見分ける意味に使います。

りっとう　判

弁（5画）

㇜ ム 厶 弁 弁

はらう　長く

読み方 音 ベン

言葉 花弁《かべん》　弁解《べんかい》　弁当《べんとう》　答弁《とうべん》　弁護《べんご》　弁明《べんめい》

注意 三画目は横に長く書き、四画目は左にはらいます。

弁

こまぬき にじゅうあし　弁

則（9画）

丨 冂 冃 目 目 貝 貝 則 則

止める

読み方 音 ソク

言葉 規則《きそく》　校則《こうそく》　法則《ほうそく》　原則《げんそく》　反則《はんそく》

注意 読み方が同じで、形の似《に》た字に「側」があります。

則　側

りっとう　則

1 □に漢字を書きましょう。（うすい字はなぞりましょう。）（一つ2点）

❶ □《き》定《てい》

❷ 定《じょう》□《ぎ》

❸ □《せい》度《ど》

❹ □《せい》服《ふく》

❺ □《はん》断《だん》

❻ 小《こ》□《ばん》

❼ □《べん》当《とう》

❽ 法《ほう》□《そく》

✦…まちがえやすい漢字

2 ――の漢字の読みがなを書きましょう。（一つ4点）

❶ 国会で 答弁 する。（　　）
答弁＝議会などで質問《しつもん》に答えること。

❷ 大判 のスカーフ。（　　）
大判＝ふつうより大きいこと。

❸ 時間の 制約 を受ける。（　　）
制約＝条件《じょうけん》をつけて自由に行動させないこと。

❹ きびしい 校則。（　　）

❺ ✦定規 で線を引く。（　　）

❻ 友人を 弁護 する。（　　）

❼ 規定 の紙を使う。（　　）

❽ 制止 をふり切る。（　　）

❾ 勝敗を 判定 する。（　　）

❿ 規 模《ぼ》の大きい店。（　　）

3 漢字を書きましょう。（一つ4点）

❶ 交通を ✦［きせい］ する。
きせい＝きまりにしたがってせい限《げん》すること。

❷ 評《ひょう》［ばん］ の店。

❸ ［べんとうばこ］

❹ 中学校の ［せいふく］ 。

❺ 正しい ✦［はんだん］ をする。

❻ 自然の ［ほうそく］ 。

❼ 速度の ［せい］ 限《げん》をこえる。

❽ ばらの ［かべん］ 。
かべん＝はなびら。

❾ ✦［きそく］ と ［せいど］ 。

❿ 新事実が ［はんめい］ する。

漢字を知っトク! 「制」「判」「則」の部首は「刂」（りっとう）。はものや「切る・けずる」という意味に関係する漢字に付くよ。

14 過・適・増・減・余

名前
月　日　時　分～　時　分
点

筆順　1　2　3　4　5　(まちがえやすいところ)…

過（12画）

一画で　はねる

丨 冂 冋 冎 冎 冎 咼 咼 咼 咼 過 過

読み方　音 カ　訓 すぎる　すごす

言葉　過去《かこ》　過労《かろう》　経過《けいか》　通過《つうか》　家《いえ》で過《す》ごす

注意　右側の三画目の筆順に注意しましょう。縦画《たてかく》が先です。

過　しんにょう　しんにゅう

適（14画）

はねる

丶 亠 亠 宀 产 产 商 商 商 商 啇 啇 適 適

読み方　音 テキ

言葉　快適《かいてき》　最適《さいてき》　適切《てきせつ》　適度《てきど》　適当《てきとう》

ポイント　ちょうどよいという意味を表した字です。

適　しんにょう　しんにゅう

増（14画）

一 十 土 土 圹 圹 圹 坳 坳 坳 坳 坳 増 増

読み方　音 ゾウ　訓 ます　ふえる　ふやす

言葉　増加《ぞうか》　増水《ぞうすい》　速度《そくど》を増《ま》す　人数《にんずう》が増《ふ》える

ポイント　反対の意味の字は「減《げん》」です。増えたり減ったりすることを「増減《ぞうげん》」といいます。

増　つちへん

減（12画）

わすれずに　はねる

丶 冫 氵 氵 汀 汀 沪 沪 沪 減 減 減

読み方　音 ゲン　訓 へる　へらす

言葉　加減《かげん》　減少《げんしょう》　減点《げんてん》　減量《げんりょう》　ごみが減《へ》る

注意　右上の点を忘《わす》れないように。「減点しない」と覚えましょう。　咸

減　さんずい

余（7画）

はらう　下を長く　止める　はねる

ノ 人 亼 仝 今 余 余

読み方　音 ヨ　訓 あまる　あます

言葉　余計《よけい》　余談《よだん》　余白《よはく》　余分《よぶん》　旅費《りょひ》が余《あま》る

注意　下の部分を「示」と書かないようにしましょう。　余○　余×

余　ひとやね

1 □に漢字を書きましょう。（うすい字はなぞりましょう。）（一つ2点）

① 通《つう》□《か》

② 最《さい》□《てき》

③ □《ぞう》加《か》

④ □《ふ》える

⑤ □《げん》少《しょう》

⑥ □《へ》る

⑦ □《よ》分《ぶん》

⑧ □《あま》る

漢字マスターまであと 138 字　193字　0字　学んだ漢字 55 字

✦…まちがえやすい漢字

2 ――の漢字の読みがなを書きましょう。（一つ4点）

❶ 雨で川が増水する。（　　）
❷ 材料が余る。（　　）
❸ 適当な長さに切る。（　　）
❹ 余分な紙を集める。（　　）
❺ 電車が通過する。（　　）
❻ 水かさが増す。（　　）
❼ 塩の量を加減する。（　　）
加減＝ちょうどよくなるように調節すること。
❽✦ 過去と未来。（　　）
❾ おなかが減る。（　　）
❿ 適度な運動をする。（　　）
適度＝ほどよいこと。ちょうどよいこと。

3 漢字を書きましょう。（〰〰は、漢字と送りがなで書きましょう。）（一つ4点）

❶ 人口が《げんしょう》する。
❷✦ 《てきせつ》に判断する。
❸ 交通量が《ぞうか》する。
❹ 《あま》り物
❺ 車が通り《す》ぎる。
❻ 試験で《げんてん》される。
❼ 快《かい》《てき》に《す》ごす。
❽ 一年が✦《けいか》する。
❾ 《よけい》な物を買う。
❿ 人数が《ふえる》。

漢字を知っトク! 「過去」↔「未来」,「ぞうか」↔「げんしょう」,「げんてん」↔「加点」。反対の意味の言葉は組にして覚えよう。

15 非・雑・複・迷・混

名前
月　日　時　分～　時　分
点

筆順 1 2 3 4 5 まちがえやすいところ…

非（8画）

はらう

ノ ﾅ ｽ ｷ ｷ 非 非 非 非

読み方 音 ヒ

言葉 非行《ひこう》　非常《ひじょう》　非常口《ひじょうぐち》　非常識《ひじょうしき》　非売品《ひばいひん》　非礼《ひれい》

成り立ち 左右に分かれた鳥の羽をえがいた字。そむく意味を表します。

非　あらず　ひ

雑（14画）

曲げてはねる　止める

ノ 九 九 卆 卆 杂 杂 杂 杂 杂 杂 杂 雑 雑

読み方 音 ザツ　ゾウ

言葉 雑音《ざつおん》　雑誌《ざっし》　雑草《ざっそう》　雑談《ざつだん》　雑用《ざつよう》　雑木林《ぞうきばやし》

ポイント もとは、いろいろな布を集めて作った衣《ころも》の意味。

雑　ふるとり

複（14画）

わすれずに　止める

、 ラ ネ ネ ネ ネ 衤 衤 衤 衤 衤 衤 複 複

読み方 音 フク

言葉 重複《ちょうふく・じゅうふく》　複合語《ふくごうご》　複雑《ふくざつ》　複写《ふくしゃ》　複数《ふくすう》

成り立ち 「ネ」（衣）と「复」（重ねる）を合わせた字です。

複　ころもへん

迷（9画）

一画で　止める

、 ソ 丷 半 米 米 米 迷 迷

読み方 音 （メイ）　訓 まよう

言葉 気《き》の迷《まよ》い　道《みち》に迷《まよ》う

ポイント 特別な読み方に「迷子《まいご》」があります。

迷　しんにょう　しんにゅう

混（11画）

曲げてはねる

、 、 氵 氵 氵 沪 泹 泹 混 混 混

読み方 音 コン　訓 まじる　まざる　まぜる　こむ

言葉 混合《こんごう》　混雑《こんざつ》　材料《ざいりょう》を混《ま》ぜる　道《みち》が混《こ》む

ポイント 右下の「比」の部分は四画で書きます。

混

混　さんずい

1 □に漢字を書きましょう。（うすい字はなぞりましょう。）（一つ2点）

❶ □《ひ》常《じょう》

❷ □《ざっ》草《そう》

❸ □《ぞう》木《き》林《ばやし》

❹ □《ふく》数《すう》

❺ □《まよ》う

❻ □《こん》合《ごう》

❼ □《ま》ぜる

❽ □《こ》む

漢字マスターまであと133字　193字　0字　学んだ漢字60字

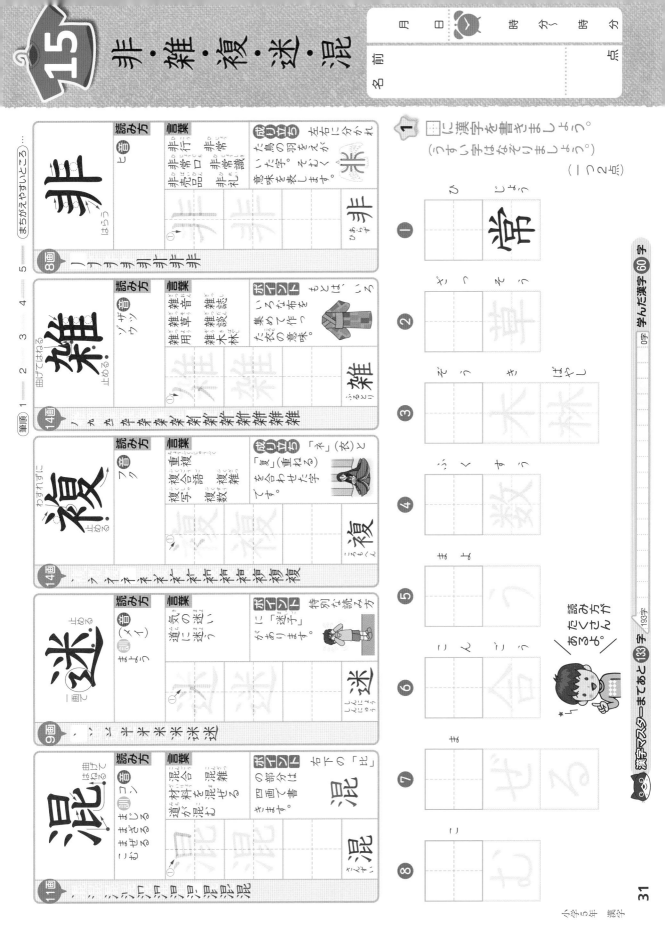

2 ――の漢字の読みがなを書きましょう。（一つ4点）

✦…まちがえやすい漢字

1. 絵の具を 混 ぜる。（　）
2. 雑草 をぬく。（　）
3. 非 常識《じょうしき》な行動。（　）
4. 電車が 混 む。（　）
5. 雑用 に追われる。（　）
雑用＝身の回りのこまごました仕事。
6. 複合語 を学ぶ。（　）
7. 公私《こうし》を 混同 する。（　）
混同＝区別すべきものを区別しないこと。
8. ✦雑木林 を歩く。（　）
9. 友人と 雑談 する。（　）
10. 気持ちに 迷 いがある。（　）

3 漢字を書きましょう。（〰〰は、漢字と送りがなで書きましょう。）（一つ4点）

1. 駅が ✦［こんざつ］ する。
2. ［ひばいひん］ を配る。
3. ［ざっ］ 誌《し》を買う。
4. ［ひ］ 常《じょう》に暑い。
5. 塩と水を ［こんごう］ する。
6. ［ふくすう］ の意見。
7. ［ざつおん］ が ［ま］ じる。
8. ［ひれい］ をわびる。
9. ✦［ふくざつ］ な気持ち。
10. 判断に ［まよう］ 。

漢字を知っトク！ とけ合って一つにするのが「混ぜる」。「トランプをまぜる」のようにとけ合わないまぜ方には「交ぜる」を使うよ。

16 確認《かくにん》テスト 3

月　日　名前　点　目標15分

1 ――の漢字の読みがなを書きましょう。（一つ3点）

❶ 話が 重複 する。（　）

❷ 余白 にメモをとる。（　）

❸ 反則 を取られる。（　）

❹ 予算が 増大 する。（　）

❺ 規約 にしたがう。（　）
規約＝会などで、関係者で守るように決めた約束。

❻ 易者 がうらないをする。（　）
易者＝うらないを仕事とする人。

❼ 水を 混 ぜて 最適 な温度にする。（　）（　）

❽ 非礼 な態度《たいど》について 弁 解《かい》する。（　）（　）

❾ 駅の構内が 複雑 で 迷 う。（　）（　）

2 ――の漢字の読みがなを書きましょう。（一つ3点）

❶ 雑木林 を守る。（　）
❷ 雑草 が生える。（　）

❸ 交易 がさかんだ。（　）
❹ 安易 に答える。（　）

漢字を知っトク! 「非」は下にくる言葉を打ち消す漢字だよ。打ち消しの漢字には，他に「不」「未」「無」などがあるよ。

3 漢字を書きましょう。（〰〰は、漢字と送りがなで書きましょう。）（一つ3点）

1 発言を□《せいし》する。

2 ねこに□《こばん》

ねこにこばん＝どんなにすばらしいものでも、ねうちを知らない者には何の役にも立たないことのたとえ。

3 □《かろう》で休む。

かろう＝働きすぎてつかれること。

4 □《けい》済《ざい》が発展《はってん》する。

5 無罪《むざい》を□《はんけつ》を受ける。

6 失敗を□《べんめい》する。

べんめい＝説めいして、わけをはっきりさせること。

7 □《ひ》常口《じょうぐち》を確《たし》かめる。

8 □《やさしい》英語ならわかる。

9 □《ゆにゅう》額《がく》が□《ふえる》。

10 □《ぼうえきがいしゃ》を□《いとなむ》。

4 同じ読み方をする漢字を書きましょう。（一つ4点）

1 水泳で□《げんりょう》する。

2 紙の□《げんりょう》。

3 □《ぞうか》をかざる。

4 数が□《ぞうか》する。

漢字を知っトク！ 「やさしい（＝たやすい）英語」というときと，「やさしい（＝思いやりがある）人」というときでは，ちがう漢字を書くよ。注意しよう。

17 情・義・厚・士・潔

筆順 1 2 3 4 5 まちがえやすいところ…

情（11画）

丶 忄 忄 忄 忄 忄 忄 情 情 情 情

下を長く　はねる　止める

読み方 音 ジョウ　訓 なさけ

言葉 感情《かんじょう》　情報《じょうほう》　表情《ひょうじょう》　友情《ゆうじょう》　情《なさ》け深《ぶか》い

成り立ち 「忄」（心）と「青」（清らかで混じり気がない）を合わせた字です。

情（りっしんべん）

義（13画）

丶 丷 䒑 𦍌 𦍌 羊 羊 羊 羊 義 義 義 義

わすれずに　長く　はねる

読み方 音 ギ

言葉 意義《いぎ》　義務《ぎむ》　講義《こうぎ》　正義《せいぎ》　民主主義《みんしゅしゅぎ》

注意 読み方が同じで、形の似《に》た字に「議」があります。

義　議

義（ひつじ）

厚（9画）

一 厂 厂 厂 戸 戸 厚 厚 厚

はらう　はねる

読み方 音 （コウ）　訓 あつい

言葉 厚紙《あつがみ》　分厚《ぶあつ》い　厚《あつ》い本《ほん》

注意 「暑い日」「熱い湯」「厚い氷」。使い分けに注意しましょう。

厚（がんだれ）

士（3画）

一 十 士

下より長く

読み方 音 シ

言葉 博士《はくし》　兵士《へいし》　力士《りきし》　武士《ぶし》

ポイント 特別な読み方に「博士《はかせ》」があります。

士（さむらい）

潔（15画）

丶 丶 氵 氵 氵 氵 氵 氵 潔 潔 潔 潔 潔 潔 潔

つき出さない　はねる　止める

読み方 音 ケツ

言葉 潔白《けっぱく》　清潔《せいけつ》　不潔《ふけつ》　高潔《こうけつ》

ポイント 水で清めることを表し、けがれがないという意味です。

潔（さんずい）

名前　　月　日　時　分～　時　分　　点

1 □に漢字を書きましょう。（うすい字はなぞりましょう。）（一つ2点）

❶ じょう ほう（報）

❷ ひょう（表） じょう

❸ なさ け

❹ い（意） ぎ

❺ ぎ む（務）

❻ あつ い

❼ ぶ（武） し

❽ せい（清） けつ

2 ——の漢字の読みがなを書きましょう。（一つ4点）

✦…まちがえやすい漢字

❶ 豊《ゆた》かな 表情。（　　）

❷✦ 不潔 に見える犬。（　　）

❸ 門を守る 兵士。（　　）

❹ 友情 を深める。（　　）

❺ 先生の講《こう》義 を受ける。（　　）
講義＝ある学問について教え聞かせること。

❻ 分厚 い本を読む。（　　）

❼✦ 情 け深い人。（　　）

❽ 正義 をつらぬく。（　　）

❾ 天文学の 博士。（　　）

❿ 高潔 な人物。（　　）
高潔＝気高くいさぎよいこと。

3 漢字を書きましょう。（〰〰は、漢字と送りがなで書きましょう。）（一つ4点）

❶✦ □□《いぎ》のある仕事。
いぎ＝物事のもっているわけやねうち。

❷ □□《じょうほう》を集める。

❸ □□《あつがみ》を切る。

❹ □□《せいけつ》な部屋《へや》。

❺ □□《ぎむ》を果たす。

❻ 武《ぶ》□《し》が刀を持つ。

❼ □□《ぎり》と□□《にんじょう》。
ぎり＝交際上《こうさいじょう》、いやでもやらなければならないこと。

❽ □□《りきし》が土俵《どひょう》に上がる。

❾ □《なさけ》をかける。

❿✦ □《あつい》氷のかべ。

漢字を知っトク!　「なさけ」は思いやりの心のこと。でも，「なさけない」は，みじめだ，残念だという意味で使うことが多いよ。

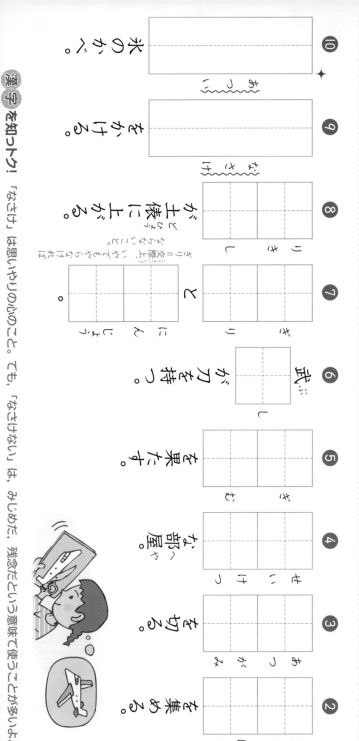

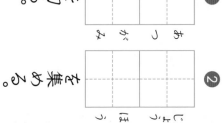

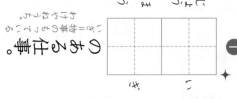

18 殺・武・破・圧・暴

名前
月　日　時　分～　時　分
点

筆順 1 2 3 4 5 まちがえやすいところ…

殺（10画）

曲げて はねる　止める

ノ メ ㄨ 㐅 亲 杀 杀 杀 殺 殺

読み方 音 サツ　訓 ころす

言葉 殺気《さっき》　殺虫《さっちゅう》ざい　殺風景《さっぷうけい》　息《いき》を殺《ころ》す

ポイント 「殳」は「打つ」「たたく」などの動作に関係する字に付きます。

殺 るまた ほこづくり

武（8画）

わすれずに　長く　はねる

一 二 千 千 正 正 武 武

読み方 音 ブ ム

言葉 武器《ぶき》　武士《ぶし》　武道《ぶどう》　武力《ぶりょく》　武者《むしゃ》

成り立ち 「止」（足）と「弋」（ほこ）を合わせた字です。

武 とめる

破（10画）

つき出す　はねる

一 ア 不 石 石 石 矿 矿 破 破

読み方 音 ハ　訓 やぶる やぶれる

言葉 走破《そうは》　大破《たいは》　読破《どくは》　破産《はさん》　紙《かみ》を破《やぶ》る

注意 読み方が同じで、形の似《に》た字に「波」があります。
破　波

破 いしへん

圧（5画）

下を長く

一 厂 厂 圧 圧

読み方 音 アツ

言葉 圧縮《あっしゅく》　圧力《あつりょく》　気圧《きあつ》　血圧《けつあつ》　重圧《じゅうあつ》

成り立ち 土をかぶせておさえつけることを表します。

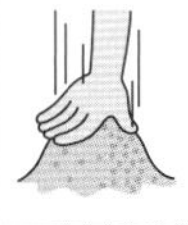

圧 つち

暴（15画）

下を長く　はらう　はねる

丨 冂 日 日 旦 早 早 昇 昇 昇 昇 暴 暴 暴 暴

読み方 音 ボウ （バク）　訓 あばれる

言葉 暴言《ぼうげん》　暴投《ぼうとう》　暴風雨《ぼうふうう》　暴力《ぼうりょく》　大暴《おおあば》れ

注意 下の部分を「水」と書かないようにしましょう。
×暴

暴 ひ

---

1 □に漢字を書きましょう。（うすい字はなぞりましょう。）（一つ2点）

❶ □《さっ》気《き》
❷ □《ころ》す
❸ □《ぶ》器《き》
❹ 読《どく》□《は》
❺ □《やぶ》る
❻ □《あつ》力《りょく》
❼ □《ぼう》風《ふう》雨《う》
❽ □《あば》れる

✦…まちがえやすい漢字

2 ――の漢字の読みがなを書きましょう。（一つ4点）

❶ コースを 走破 する。（　　）
走破＝定められたコースを終わりまで走り通すこと。

❷ 武士 の残した日記。（　　）

❸ 暴力 を止める。（　　）

❹ 紙ぶくろが✦破 れる。（　　）

❺ 殺虫 ざいをまく。（　　）

❻ 武器 を持たない。（　　）

❼ 長い物語を 読破 する。（　　）
読破＝長い読み物やむずかしい本を読み通すこと。

❽ 血圧 を測《はか》る。（　　）

❾ あくびをかみ 殺 す。（　　）
かみ殺す＝歯をかみしめて口を開かないようにする。

❿ 重圧 をはね返す。（　　）
重圧＝重い力でおしつけられること。その重苦しさ。

3 漢字を書きましょう。（〰〰は、漢字と送りがなで書きましょう。）（一つ4点）

❶ 会社が はさん する。
はさん＝財《ざい》さんを全て失うこと。

❷ あつりょく をかける。

❸ ✦ぼうふう の予報。

❹ ぶりょく をおさえる。

❺ きあつ が下がる。

❻ さっき 立ち、あば れる馬。
さっき立つ＝相手がおそれるようなあらあらしい様子になる。

❼ ぼうげん をはく。

❽ むしゃ 人形

❾ 敵《てき》を✦ やぶる 。

❿ 息を ころす 。
息をころす＝息をおさえ、音を立てないようにする。

漢字を知っトク! 「敵《てき》をやぶる」ときは「破る」，「敵にやぶれる」ときは「敗れる」を使うよ。

19 評・効・比・豊・似

名前　　月　日　時　分～　時　分　点

筆順 1 2 3 4 5　まちがえやすいところ…

評（12画）
下を長く

読み方　音 ヒョウ

言葉　好評《こうひょう》　定評《ていひょう》　評価《ひょうか》　評判《ひょうばん》　不評《ふひょう》

成り立ち　「言」(ことば)と「平」(たいら)を合わせた字で、よしあしを決めることを意味します。

評　ごんべん

効（8画）
つき出す　はねる

読み方　音 コウ　訓 きく

言葉　効果《こうか》　効用《こうよう》　効率《こうりつ》　効力《こうりょく》　有効《ゆうこう》　効《き》き目《め》

注意　「薬が効く」「物音を聞く」の使い分けに注意しましょう。

効　ちから

比（4画）
曲げてはねる　折る

読み方　音 ヒ　訓 くらべる

言葉　対比《たいひ》　比重《ひじゅう》　比例《ひれい》　二《ふた》つを比《くら》べる

成り立ち　二人《ふたり》が並《なら》んでいる様子をえがいた字です。

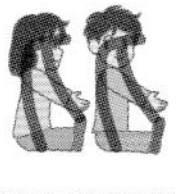

比　ならびひ／くらべる

豊（13画）
つき出す　長く

読み方　音 ホウ　訓 ゆたか

言葉　豊作《ほうさく》　豊富《ほうふ》　豊漁《ほうりょう》　豊《ゆた》かな実《みの》り

成り立ち　うつわに穀物《こくもつ》をたくさん盛《も》った様子を表した字。

豊　まめ

似（7画）
止める

読み方　音 (ジ)　訓 にる

言葉　似合《にあ》う　似顔絵《にがおえ》

成り立ち　人が道具を使って物を作ることを示し、「にる」という意味を表します。

似　にんべん

1 □に漢字を書きましょう。(うすい字はなぞりましょう。)（一つ2点）

❶ □□《ひょう》判《ばん》

❷ □□《こう》果《か》

❸ □《き》く

❹ 対《たい》□□《ひ》

❺ □《くら》べる

❻ □□《ほう》作《さく》

❼ □《ゆた》か

❽ □《に》合《あ》う

漢字マスターまであと118字　193字　0字　学んだ漢字75字

✦…まちがえやすい漢字

2 ――の漢字の読みがなを書きましょう。（一つ4点）

1. 食料が✦豊富にある。（　）
2. 仕事の効率《りつ》が上がる。（　）
3. 味に定評のある店。（　）
   定評＝多くの人がみとめているねうち。一定のひょう価《か》。
4. 練習に比重を置く。（　）
   比重＝他のものとくらべたときの、どちらを重くみるかの割合《わりあい》。
5. しょうがの効用。（　）
   効用＝働き。きき目。
6. よく似た兄弟だ。（　）
7. 作品展《さくひんてん》が好評を得《え》る。（　）
8. 豊漁を願う。（　）
9. いたみに✦効く薬。（　）
10. 大きさに比例する。（　）
    比例＝二つの数量の、一つが増えるともう一つも同じ割合で増えていく関係。

3 漢字を書きましょう。（〰〰は、漢字と送りがなで書きましょう。）（一つ4点）

1. 練習の□□《こうか》が表れる。
2. □□《ほうさく》をいのる。
3. 両者を□□《たいひ》する。
4. ✦□《き》き目がある。
5. 二つの□《ひょう》価《か》を□《くら》べる。
6. □□□《にがおえ》をかく。
7. ✦□□《ひょうばん》のよい店。
8. □□《ゆうこう》期《き》限《げん》
9. よく□□《にあ》う。
10. □《ゆたか》に実る。

漢字を知っトク！「好評」↔「悪評」・「不評」，「ゆうこう」↔「無効」。反対の意味の言葉もいっしょに覚えよう。

20 任・率・責・統・領

名前　　　点

月　日　時　分〜　時　分

筆順 1 2 3 4 5 まちがえやすいところ…

任　6画

はらう　上を長く　止める

読み方　音 ニン　訓 まかせる　まかす

言葉　任期《にんき》　任務《にんむ》　任命《にんめい》　人《ひと》に任《まか》せる

注意　形の似た字に「仕」があります。注意して書きましょう。　任　仕

にんべん　任

率　11画

少しつき出す

読み方　音 （ソツ）　リツ　訓 ひきいる

言葉　確率《かくりつ》　打率《だりつ》　倍率《ばいりつ》　比率《ひりつ》　群《む》れを率《ひき》いる

注意　形の似た字に「卒」があります。注意して書きましょう。　率　卒

げん　率

責　11画

いちばん下を長く　止める

読み方　音 セキ　訓 せめる

言葉　自責《じせき》の念《ねん》　重責《じゅうせき》　責任《せきにん》　責任感《せきにんかん》　失敗《しっぱい》を責《せ》める

注意　読み方が同じで、形の似た字に「積」「績」があります。気をつけましょう。

こがい　かい　責

統　12画

曲げてはねる　止める

読み方　音 トウ

言葉　伝統《でんとう》　統一《とういつ》　統計《とうけい》　統合《とうごう》　統治《とうち》

ポイント　細い糸を集めて一つにまとめることを表した字です。

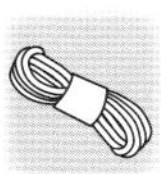

いとへん　統

領　14画

折る　止める

読み方　音 リョウ

言葉　大統領《だいとうりょう》　頭領《とうりょう》　本領《ほんりょう》　要領《ようりょう》　領地《りょうち》　領土《りょうど》

ポイント　首すじのことを表した字で、大切なところを意味します。

おおがい　領

---

1 □に漢字を書きましょう。（うすい字はなぞりましょう。）（一つ2点）

① □《にん》務《む》

② □《まか》せる

③ 確《かく》□《りつ》

④ □《ひき》いる

⑤ □《せき》□《にん》

⑥ □《せ》める

⑦ 伝《でん》□《とう》

⑧ □《りょう》土《ど》

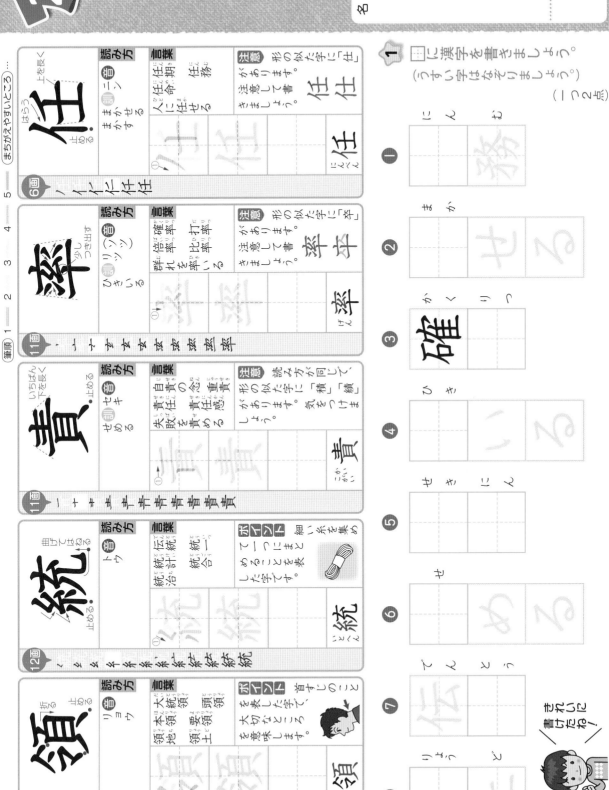

✦…まちがえやすい漢字

2 ――の漢字の読みがなを書きましょう。（一つ4点）

❶ 五年の 任期 を終える。（　　）

❷ 日本《にほん》の 領土。（　　）

❸ 自責 の念にかられる。（　　）
自責＝自分で自分のあやまちをせめること。

❹ 意見を 統一 する。（　　）

❺ 委員長に 任命 される。（　　）

❻ 主役の 重責 を果たす。（　　）
重責＝重いせきにん。

❼ ちゅう選の 倍率 が高い。（　　）

❽ 仕事を✦任 す。（　　）

❾ 一年間の 統計 を取る。（　　）

❿ 本領 を発揮《はっき》する。（　　）
本領＝もともともっている、すぐれた特質《とくしつ》。

3 漢字を書きましょう。（〰〰は、漢字と送りがなで書きましょう。）（一つ4点）

❶ 国の［りょうち］。

❷ ✦［でんとう］文化を守る。

❸ 高い［だりつ］。
だりつ＝野球でうった数に対するヒットの割合《わりあい》。

❹ ［せきにん］をもつ。

❺ 勝つ確《かく》［りつ］が高い。

❻ 失敗を［せ］める。

❼ ［とうち］を［まか］される。
とうち＝国や人民をおさめること。

❽ ［だいとうりょう］の来日。

❾ ✦［にんむ］につく。

❿ チームを［ひきいる］。

漢字を知っトク！「率」の部首は，「幺」（よう・いとがしら）ではなく「玄」（げん）。部首の「玄」には，見えないほどの細い糸という意味があるよ。

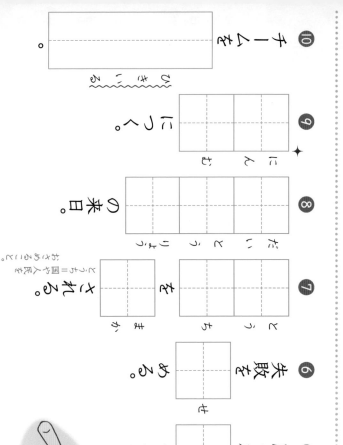

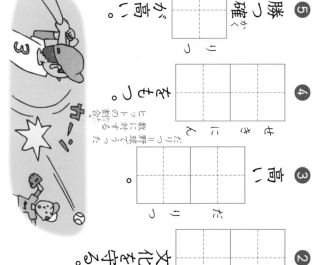

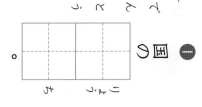

21 確認《かくにん》テスト 4

名前
月 日
目標 15分
点

1 ――の漢字の読みがなを書きましょう。（一つ3点）

❶ 不評（　　）を買う。

❷ 要領（　　）がいい。

❸ 味方の暴投（　　）で点を失う。

❹ 二つの会社を統合（　　）する。

❺ 空気を圧（　　）縮《しゅく》（　　）する。

❻ 武道（　　）をきわめる。

❼ 二つを比（　　）べて評（　　）価《か》する。

❽ 感情（　　）を豊（　　）かに表現《ひょうげん》する。

❾ 力士（　　）が、武者（　　）ぶるいする。

武者ぶるい＝試合にのぞむときなどに、心がふるい立って、体がふるえること。

2 ――の漢字の読みがなを書きましょう。（一つ3点）

❶ 効力（　　）を失う。
❷ よく効（　　）く薬。

❸ 材料の比率（　　）を変える。
❹ 下級生を率（　　）いる。

漢字を知っトク! 「不評を買う」は，悪い評価《か》を受けるということ。「買う」には自分の身に受けるという意味もあるよ。

3 漢字を書きましょう。（〰〰は、漢字と送りがなで書きましょう。）（一つ3点）

❶ 車が□□《たいは》する。
たいは＝ひどくこわれること。

❷ □□□《さっぷうけい》な場所。

❸ □□《けっぱく》を証明《しょうめい》する。
けっぱく＝心がきれいで、悪いことをしていないさま。

❹ 顔がよく□《に》ている。

❺ □□□《せきにんかん》が強い。

❻ □□《ぎむ》をおこたる。

❼ □□□□《みんしゅしゅぎ》の国。

❽ 試合で大いに□《あばれる》。

❾ □□□《だいとうりょう》の□□《じゅうせき》を負う。

❿ □□《ぶき》の回収《かいしゅう》を□《まかせる》。

4 同じ読み方をする漢字を書きましょう。（一つ4点）

❶ 試合に□《やぶ》れる。
❷ 紙が□《やぶ》れる。

❸ □《あつ》いお茶を飲む。
❹ 手□《あつ》いもてなし。

22 像・演・象・型・仏

名前　　　月　日　　時　分～　時　分　　点

筆順 1 2 3 4 5　まちがえやすいところ…

像（14画）

止める　はねる

読み方 音 ゾウ

言葉 画像《がぞう》　現像《げんぞう》　実像《じつぞう》　人物像《じんぶつぞう》　石像《せきぞう》　想像《そうぞう》

成り立ち 「イ」（人）と「象《ぞう》」を合わせ、姿《すがた》を表します。

像　にんべん

演（14画）

つける　止める

読み方 音 エン

言葉 演技《えんぎ》　演説《えんぜつ》　公演《こうえん》　講演《こうえん》　主演《しゅえん》　出演《しゅつえん》

注意 「講演」は話をすること、話のこと。「公演」は演奏《えんそう》や演技などをすることです。

演　さんずい

象（12画）

はねる

読み方 音 ショウ　ゾウ

言葉 印象《いんしょう》　気象《きしょう》　対象《たいしょう》　象《ぞう》の群《む》れ

成り立ち 動物のぞうの姿を表した字です。

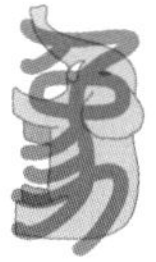

象　ぶたのこ

型（9画）

はねる　上より長く

読み方 音 ケイ　訓 かた

言葉 典型的《てんけいてき》　大型《おおがた》　新型《しんがた》　型《かた》にはまる

注意 上の部分は「刑」です。「形」と書かないようにしましょう。

型　つち

仏（4画）

止める　折る

読み方 音 ブツ　訓 ほとけ

言葉 大仏《だいぶつ》　念仏《ねんぶつ》　仏教《ぶっきょう》　仏像《ぶつぞう》　仏様《ほとけさま》

ポイント フランスを漢字で表すと「仏蘭西」。頭の「仏」一字で国名を表すこともあります。

仏　にんべん

1 □に漢字を書きましょう。（うすい字はなぞりましょう。）（一つ2点）

① 想《そう》□《ぞう》

② 出《しゅつ》□《えん》

③ 印《いん》□《しょう》

④ □《ぞう》

⑤ 典《てん》□《けい》的《てき》

⑥ 大《おお》□《がた》

⑦ 大《だい》□《ぶつ》

⑧ □《ほとけ》様《さま》

止め・はねに注意！

✦…まちがえやすい漢字

2 ――の漢字の読みがなを書きましょう。（一つ4点）

① 人物像 をさぐる。（　　）

② 馬の耳に 念仏（　　）
馬の耳に念仏＝いくら説いて聞かせても効き目がないことのたとえ。

③ 小型 のカメラ。（　　）

④ 写真を現《げん》✦像 する。（　　）

⑤ バレエの 公演。（　　）

⑥ 象 の群れを見る。（　　）

⑦ 仏様 におそなえをする。（　　）

⑧ 大人《おとな》が 対象 の本。（　　）

⑨ げきで 主演 する。（　　）

⑩ 日本《にほん》文化の 典型 だ。（　　）

3 漢字を書きましょう。（一つ4点）

① 将来《しょうらい》の姿《すがた》を✦□□《そうぞう》する。

② 番組に□□《しゅつえん》する。

③ 寺の□□《ぶつぞう》。

④ □《ぞう》の親子。

⑤ 知らぬが□《ほとけ》

⑥ □□《しんがた》の自動車。

⑦ □□《だいぶつ》の□□《がぞう》。

⑧ ✦□□《いんしょう》に残る風景。

⑨ 大統領の✦□□《えんぜつ》。

⑩ □□《おおがた》の台風が来る。

漢字を知っトク! 「知らぬがほとけ」は，知っていれば気になるが，知らなければ平気でいられるということだよ。

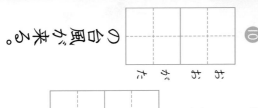

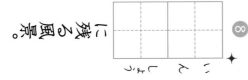

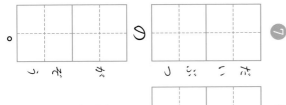

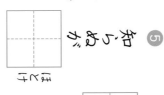

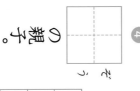

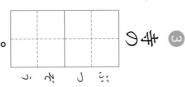

23 能・可・解・許・禁

名前

月　日　時　分～　時　分

点

筆順 1 2 3 4 5 まちがえやすいところ…

能（10画）

曲げてはねる　止める　はねる

ム ム 㐬 台 肖 育 能 能 能 能

読み方 音 ノウ

言葉 才能《さいのう》　能力《のうりょく》　本能《ほんのう》　能率《のうりつ》

ポイント 部首は「ム《む》」や「匕《ひ》」ではなく「月」(肉)です。

能 にく

可（5画）

長く　はねる

一 丆 𠮛 叵 可

読み方 音 カ

言葉 可決《かけつ》　可能《かのう》　可能性《かのうせい》　不可能《ふかのう》

注意 筆順に注意しましょう。「亅」は五画目に書きます。

可 くち

解（13画）

つき出さない　つき出す　つき出さない　はねる

ノ ク 勹 角 角 角 角 角 解 解 解 解 解

読み方 音 カイ　訓 とく　とかす　とける

言葉 解決《かいけつ》　解説《かいせつ》　解答《かいとう》　理解《りかい》　問題《もんだい》を解《と》く

成り立ち 「牛」を「刀」でさいて、分けることを表します。

解 つのへん

許（11画）

つき出さない　下を長く

丶 亠 亠 亠 言 言 言 言 訁 訐 許

読み方 音 キョ　訓 ゆるす

言葉 許可《きょか》　許容《きょよう》　特許《とっきょ》　失敗《しっぱい》を許《ゆる》す

注意 「午」を「牛」にしないように気をつけましょう。

×許

許 ごんべん

禁（13画）

下を長く　はねる

一 十 オ 木 木 村 林 林 林 埜 埜 禁 禁

読み方 音 キン

言葉 解禁《かいきん》　禁句《きんく》　禁止《きんし》　禁酒《きんしゅ》　禁物《きんもつ》

ポイント 「禁物」はしてはいけないことという意味です。「物」は「もつ」と読みます。

禁 しめす

1 □に漢字を書きましょう。（うすい字はなぞりましょう。）（一つ2点）

① 才《さい》□《のう》

② □《のう》力《りょく》

③ □《か》決《けつ》

④ □《かい》答《とう》

⑤ □《と》く

⑥ 特《とっ》□《きょ》

⑦ □《ゆる》す

⑧ □《きん》止《し》

漢字マスターまであと103字　193字　0字　学んだ漢字90字

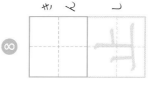

✦…まちがえやすい漢字

2 ――の漢字の読みがなを書きましょう。（一つ4点）

① 問題が 解決 する。（　　）
② 油断は 禁物 だ。（　　）
③ 許 容《よう》のはんいをこえる。（　　）
許容＝このくらいまではよいとしてみとめること。
④ 作業の✦ 能率 が上がる。（　　）
⑤ 世界情勢を 解説 する。（　　）
⑥ なぞが 解 ける。（　　）
⑦ 実現《じつげん》は 不可能 だ。（　　）
⑧ 特許 が下りる。（　　）
特許＝新しく発明などをした人にあたえられる権利《けんり》。
⑨ 禁酒 をすすめる。（　　）
⑩ 本能 で危険《きけん》をさける。（　　）

3 漢字を書きましょう。（〰〰は、漢字と送りがなで書きましょう。）（一つ4点）

① 通行を ＿＿《きょか》 する。
② 国語のテストの ✦＿＿《かいとう》 。
③ ＿＿《のうりょく》 を生かす。
④ ＿＿《りかい》 を深める。
⑤ 入賞《にゅうしょう》の ＿＿《かのう》 性《せい》。
⑥ ＿＿《きんし》 を✦ ＿＿《と》 く。
⑦ 議案を ＿＿《かけつ》 する。
⑧ 絵の ＿＿《さいのう》 。
⑨ 漁の ＿＿《かいきん》 。
かいきん＝きんししていたことをやめること。
⑩ 外出を 〰〰《ゆるす》 。

漢字を知っトク!「かいとう」は，問題をとくときは「解答」を，アンケートなどに答えるときは「回答」を使うよ。

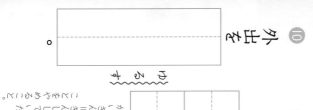

24 現・在・久・永・旧

名前　　点

月　日　時　分～　時　分

筆順 1 2 3 4 5 まちがえやすいところ…

現（11画）

一 T Ŧ 王 玑 玑 玥 玥 珇 現 現

曲げてはねる

読み方 音 ゲン　訓 あらわれる　あらわす

言葉 現金《げんきん》　現実《げんじつ》　現代《げんだい》　表現《ひょうげん》　姿《すがた》を現《あらわ》す

成り立ち 「王」（玉）と「見」を合わせた字です。

現　たまへん（おうへん）

在（6画）

一 ナ ヤ 在 在 在

少しつき出す　下を長く

読み方 音 ザイ　訓 ある

言葉 現在《げんざい》　在庫《ざいこ》　在校生《ざいこうせい》　実在《じつざい》　在《あ》り方《かた》

ポイント 「有る」は、そのものがあること、「在る」は、その場所にあることを意味します。

在　つち

久（3画）

ノ ク 久

はらう

読み方 音 キュウ　訓 ひさしい

言葉 持久走《じきゅうそう》　久《ひさ》しぶり

成り立ち 人（ク）とこれを引き止める印を付けた字です。

久　はらいぼう（の）

永（5画）

丶 亅 ⺄ 永 永

あける　はねる

読み方 音 エイ　訓 ながい

言葉 永遠《えいえん》　永久《えいきゅう》　永住《えいじゅう》　末永《すえなが》い幸《しあわ》せ

ポイント 「永い」は、年月などの時間的なへだたりが大きいことをいいます。

永　みず

旧（5画）

丨 ‖ 丨刀 旧 旧

あける　止める

読み方 音 キュウ

言葉 旧式《きゅうしき》　旧道《きゅうどう》　旧友《きゅうゆう》　新旧《しんきゅう》　復旧《ふっきゅう》

ポイント 「古い」の意味をもつ字。反対の意味の字は「新」。旧↔新

旧　ひ

---

1 □に漢字を書きましょう。（うすい字はなぞりましょう。）（一つ2点）

① 表《ひょう》□《げん》

② □《あらわ》す

③ 実《じつ》□《ざい》

④ 持《じ》□《きゅう》走《そう》

⑤ □《ひさ》しい

⑥ □《えい》遠《えん》

⑦ □《なが》い

⑧ 新《しん》□《きゅう》

2 ──の漢字の読みがなを書きましょう。（一つ4点）

✦…まちがえやすい漢字

1. 太陽が✦現れる。（　　）
2. 現金ではらう。（　　）
3. 旧道を通る。（　　）
   旧道＝古くからある道。
4. 在庫が少ない。（　　）
5. アメリカに永住する。（　　）
   永住＝その土地にずっと住み、生活すること。
6. 旧式のカメラでとる。（　　）
7. 現実に目を向ける。（　　）
8. 在校生のあいさつ。（　　）
9. 久しく会っていない。（　　）
10. 永久の平和を願う。（　　）

3 漢字を書きましょう。（〰〰は、漢字と送りがなで書きましょう。）（一つ4点）

1. 言葉で□□□□《ひょうげん》する。
2. なつかしい□□□□《きゅうゆう》。
   きゅうゆう＝昔からのともだち。
3. 宝物《たからもの》の□《あ》りか。
4. □□□□《えいえん》に続く。
5. □□□□《じつざい》の人物。
6. □□《ひさ》しぶりに復《ふっ》✦□□《きゅう》した。
7. ✦□□□□《げんざい》の時刻《じこく》。
8. □□□□□□《じきゅうそう》をする。
9. 〰〰《ながい》ねむりにつく。
   ながいねむりにつく＝死ぬ。
10. 正体を✦〰〰《あらわす》。

漢字を知っトク! 「過去」「げんざい」「未来」は組にして覚えよう。「現実」の反対の意味の言葉として，「空想」「理想」も覚えておこう。

筆順 1── 2 3 4── 5── まちがえやすいところ…

25 術・職・技・険・測

名前

月 日 時 分～ 時 分

点

術（11画）

わすれずに　止める　はねる

読み方 音 ジュツ

言葉 医術《いじゅつ》　手術《しゅじゅつ》　美術《びじゅつ》　芸術《げいじゅつ》

ポイント 部首は「彳」ではなく、「行」。部首の「行」（ぎょうがまえ）とも区別しましょう。

術 ぎょうがまえ ゆきがまえ

筆順：ノ 彳 彳 彳 什 休 休 術 術 術 術

職（18画）

わすれずに　長く　はねる　つき出さない

読み方 音 ショク

言葉 職員室《しょくいんしつ》　職人《しょくにん》　職場《しょくば》　職業《しょくぎょう》

注意 形の似ている字に「識」「織」があります。注意しましょう。

職 みみへん

筆順：一 厂 F F E 耳 耳 耳' 耳' 耳' 聆 聆 聆 聀 聀 職 職 職

技（7画）

あげる　はねる

読み方 音 ギ　訓 （わざ）

言葉 演技《えんぎ》　技能《ぎのう》　特技《とくぎ》　技術《ぎじゅつ》　競技《きょうぎ》

成り立ち 「扌」（手）と「支」を合わせ、うで前を表します。

技 てへん

筆順：一 十 扌 扌 扌 抄 技

険（11画）

二画で　つき出さない

読み方 音 ケン　訓 けわしい

言葉 危険《きけん》　保険《ほけん》　険しい《けわ》道《みち》　険悪《けんあく》

注意 「阝」（こざとへん）は三画で書きます。

阝

険 こざとへん

筆順：㇇ 了 阝 阝 阝 阾 阾 険 険 険 険

測（12画）

止める　はねる

読み方 音 ソク　訓 はかる

言葉 観測《かんそく》　測量《そくりょう》　身長《しんちょう》を測《はか》る　測定《そくてい》　予測《よそく》

注意 「時間を計る」「重さを量る」「きょりを測る」。使い分けに注意しましょう。

測 さんずい

筆順：丶 冫 氵 氵 汌 汌 汌 泪 泪 浿 測 測

1 □に漢字を書きましょう。（うすい字はなぞりましょう。）（一つ2点）

① 手□（しゅじゅつ）

② □業（しょくぎょう）

③ □能（ぎのう）

④ 競□（きょうぎ）

⑤ 危□（きけん）

⑥ □しい（けわしい）

⑦ 観□（かんそく）

⑧ □る（はかる）

✦…まちがえやすい漢字

2 ——の漢字の読みがなを書きましょう。（一つ4点）

① 保険 証《しょう》を見せる。（　　）

② 結果を 予測 する。（　　）

③ 父の 職場 を見学する。（　　）

④ きょりを 測 る。（　　）

⑤ 芸術 の秋。（　　）

⑥ 雨量を 測定 する。（　　）

⑦ 表情が 険 しい。（　　）

⑧ うでのいい 職人。（　　）

⑨ 技能 を身につける。（　　）

⑩ 険悪 なふんいき。（　　）

険悪＝けわしくておそろしいこと。

3 漢字を書きましょう。（〰〰は、漢字と送りがなで書きましょう。）（一つ4点）

① 陸上□□《きょうぎ》の選手。

② □□《しゅじゅつ》を受ける。

③ □□□□《しょくいんしつ》に入る。

④ □□《とくぎ》を見せる。

⑤ 将来《しょうらい》つきたい□□《しょくぎょう》。

⑥ □□《そくりょう》の□□《ぎじゅつ》。

そくりょう＝土地などの広さや高さなどをはかること。

⑦ 危《き》□《けん》をおかす。

⑧ 月の□□《かんそく》。

⑨ なわの長さを□《はかる》。

⑩ □《けわしい》山道。

漢字を知っトク! 「職」は，「耳」でよく聞き，見分けて覚えることを表す字。ここから「つとめ」「しごと」の意味に使われるよ。

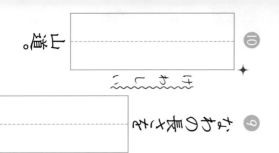

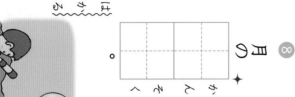

26 確認《かくにん》テスト 5

名前
月　日
点
目標 15分

1 ――の漢字の読みがなを書きましょう。（一つ3点）

1 人物の 実像 にせまる。（　　）
実像＝うわさや外見とは別の、その人のじっさいのすがた。

2 医術 が進歩する。（　　）

3 天体を 観測 する。（　　）

4 人としての 在 り方。（　　）

5 新型 の機械を使う。（　　）

6 スピーチでの 禁 句《く》。（　　）

7 久 しぶりに 旧友 に会う。（　　）（　　）

8 可能 な限《かぎ》り、問題を 解 く。（　　）（　　）

9 現代 の 仏教 について学ぶ。（　　）（　　）

2 ――の漢字の読みがなを書きましょう。（一つ3点）

1 永遠 に語りつがれる。（　　）
2 末永 い幸せをいのる。（　　）

3 入学を 許可 する。（　　）
4 あやまちを 許 す。（　　）

漢字を知っトク！「型」はもとになるかたちややり方のこと。「型にはまる」というと，今まで通りで新しさがないという意味になるよ。

3 漢字を書きましょう。（〰〰は、漢字と送りがなで書きましょう。）（一つ3点）

❶ 講《こう》「　」《えん》会が開かれる。

❷ 明日《あす》の「　」《きしょう》予報。

❸ 「　」《びじゅつ》の専門書《せんもんしょ》。

❹ 大げさな「　」《えんぎ》をする。

❺ 事件《じけん》を「　」《かいけつ》する。

❻ 「　」《のうりょく》を発揮《はっき》する。

❼ 「　」《しんきゅう》の役員が交代する。
しんきゅう＝あたらしいものと古いもの。

❽ くつひもが「　」《とける》。
とける＝ほどける。

❾ 「　」《げんざい》の「　」《しょくぎょう》をきく。

❿ 大きな「　」《せきぞう》が姿《すがた》を「　」《あらわす》。

4 同じ読み方をする漢字を書きましょう。（一つ4点）

❶ 生命「　」《ほけん》

❷ 「　」《ほけん》室の先生。

❸ いすの高さを「　」《はか》る。

❹ タイムを「　」《はか》る。

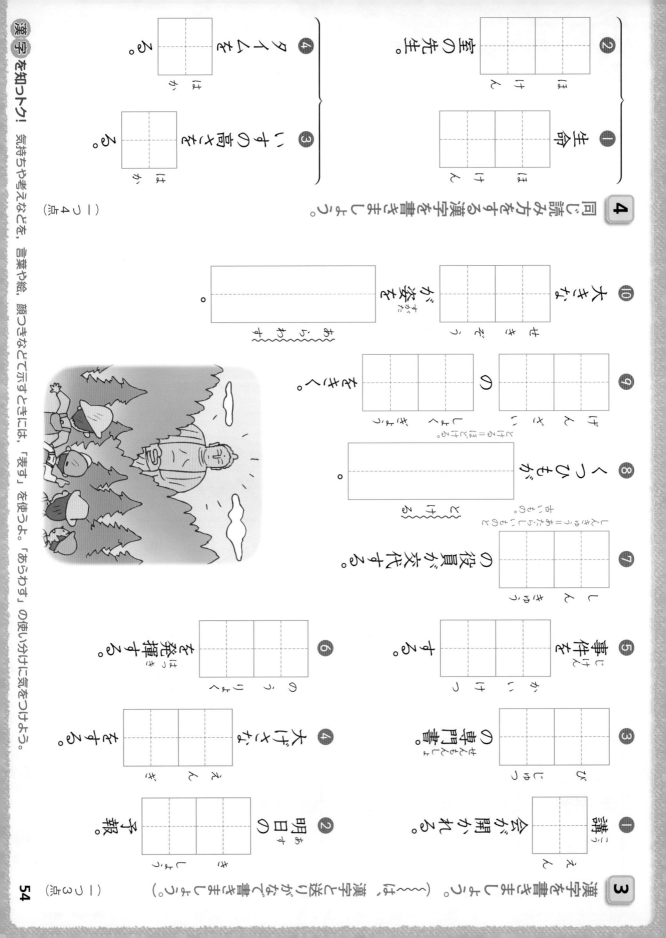

27 性・格・質・素・個

名前	月 日 時 分～ 時 分	点

筆順 1 2 3 4 5 まちがえやすいところ…

性（8画）

いちばん長く

読み方　音 セイ（ショウ）

言葉　共通性《きょうつうせい》　習性《しゅうせい》　性能《せいのう》

ポイント　「忄」は心を表し、心や精神《せいしん》に関係する字に付きます。

性　りっしんべん

格（10画）

はらう　止める

読み方　音 カク

言葉　合格《ごうかく》　人格《じんかく》　性格《せいかく》　体格《たいかく》　不格好《ぶかっこう》

注意　右上の部分を「又」と書かないようにしましょう。　×格

格　きへん

質（15画）

止める

読み方　音 シツ（シチ）

言葉　材質《ざいしつ》　質問《しつもん》　性質《せいしつ》　体質《たいしつ》　品質《ひんしつ》

ポイント　昔、貝はお金の代わりに使われました。「貝」はお金や財産《ざいさん》に関係する字に付きます。

質　かい　こがい

素（10画）

いちばん長く　止める

読み方　音 ソ（ス）

言葉　酸素《さんそ》　質素《しっそ》　素材《そざい》　素質《そしつ》　要素《ようそ》

成り立ち　「糸」と「龶」（たれる）を合わせた字です。

素　いと

個（10画）

折る　小さく　止める

読み方　音 コ

言葉　一個《いっこ》　個々《ここ》　個人《こじん》　個性《こせい》　個別《こべつ》

成り立ち　「亻」（人）と「固」（かたい）を合わせた字です。

個　にんべん

---

1 □に漢字を書きましょう。（うすい字はなぞりましょう。）（一つ2点）

1. 習《しゅう》□《せい》
2. □《せい》能《のう》
3. 合《ごう》□《かく》
4. 体《たい》□《かく》
5. □《しつ》問《もん》
6. 品《ひん》□《しつ》
7. □《そ》材《ざい》
8. □《こ》人《じん》

✦…まちがえやすい漢字

2 ――の漢字の読みがなを書きましょう。（一つ4点）

① 鉄の 性質 を調べる。（　　）

② 生育に必要な 要素。（　　）
要素＝物事が成り立つための、もとになるもの。

③ 個性 をみがく。（　　）

④ 音楽の✦ 素質 がある。（　　）
素質＝生まれつきもっている人がらや才能。

⑤ 立派《りっぱ》な 人格 のもち主。（　　）

⑥ かたい 材質 の木。（　　）

⑦ 個別 に判断する。（　　）

⑧ 品質 のよいくつ。（　　）

⑨ 空気中の酸《さん》 素。（　　）

⑩ ✦不格好 な服を着る。（　　）
不格好＝身なりや形がよくないこと。

3 漢字を書きましょう。（一つ4点）

① 試験に□□《ごうかく》する。

② 先生に□□《しつもん》する。

③ □□《こじん》の力を信じる。

④ □□《たいかく》がよい。

⑤ ありの□□《しゅうせい》。

⑥ ✦□□《しっそ》なくらし。
しっそ＝ぜいたくをしないこと。

⑦ □《こ》々《こ》の□□《せいかく》をつかむ。

⑧ □□《そざい》を生かした料理。
そざい＝ものを作るときのざいりょう。

⑨ 車の✦□□《せいのう》が向上する。

⑩ □□《たいしつ》を変える。

漢字を知っトク! 「不格好」の「格」は「かく」とは読まないよ。「学校」を「がくこう」と読まないのと同じだよ。気をつけよう。

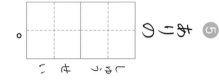

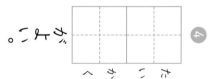

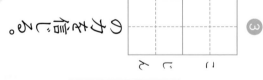

28 桜・河・幹・枝・耕

名前

月　日　時　分～　時　分　　点

筆順 1 2 3 4 5　まちがえやすいところ…

桜（10画）

一 十 オ 木 木' 木" 木" 桜 桜 桜

少しつき出す　止める　はらう

読み方 訓 さくら

言葉 桜前線《さくらぜんせん》　桜《さくら》の花《はな》　葉桜《はざくら》

ポイント 「桜ふぶき」「桜前線」「夜桜」など桜にまつわる季節を感じる言葉はたくさんあります。

桜　きへん

河（8画）

丶 丶 氵 氵一 汀 沪 沪 河

長く　はねる

読み方 音 カ　訓 かわ

言葉 運河《うんが》　河口《かこう》　銀河《ぎんが》　氷河《ひょうが》　大《おお》きな河《かわ》

ポイント 特別な読み方に「河原《かわら》」があります。

河　さんずい

幹（13画）

一 十 才 古 古 古 直 卓 卓 卓' 卓ᄉ 幹 幹

読み方 音 カン　訓 みき

言葉 幹事《かんじ》　幹線道路《かんせんどうろ》　新幹線《しんかんせん》　木《き》の幹《みき》

注意 右下の部分を「千」にしないようにしましょう。

×幹

幹　いちじゅう　かん

枝（8画）

一 十 オ 木 木一 朾 枝 枝

あける　はらう

読み方 訓 えだ

言葉 枝豆《えだまめ》　枝道《えだみち》　枝分《えだわ》かれ　小枝《こえだ》　木《き》の枝《えだ》

注意 形の似た字に「技」があります。注意しましょう。

枝　きへん

耕（10画）

一 二 三 丰 丰 耒 耒 耒一 耕 耕

横画は三本　止める

読み方 音 コウ　訓 たがやす

言葉 耕具《こうぐ》　耕作《こうさく》　耕地《こうち》　農耕《のうこう》　畑《はたけ》を耕《たがや》す

注意 送りがなを「耕やす」としないようにしましょう。

耕　すきへん　らいすき

1 □に漢字を書きましょう。

（うすい字はなぞりましょう。）（一つ2点）

① □《さくら》 前線《ぜんせん》

② □《か》 口《こう》

③ □《かわ》

④ 新《しん》 □《かん》 線《せん》

⑤ □《みき》

⑥ 小《こ》 □《えだ》

⑦ 農《のう》 □《こう》

⑧ □《たがや》す

✦…まちがえやすい漢字

2 ――の漢字の読みがなを書きましょう。（一つ4点）

① 大きな 河 を下る。（　　）

② 新幹線 に乗る。（　　）

③ 小枝 を切り落とす。（　　）

④ 幹線道路 を通る。（　　）
幹線道路＝交通で多く使われる大事な道路。

⑤ あれ地を 耕作 する。（　　）

⑥ アルプスの✦氷河。（　　）
氷河＝ひじょうに大きな氷のかたまりがその重みで流れ下るもの。

⑦ 道が 枝分 かれする。（　　）

⑧ 花が散り、✦葉桜 になる。（　　）

⑨ 話が 枝道 に入る。（　　）
枝道＝本すじからはずれたところ。

⑩ 耕地 を水害から守る。（　　）
耕地＝作物を作るためにたがやしてある土地。

3 漢字を書きましょう。（〰〰は、漢字と送りがなで書きましょう。）（一つ4点）

① 新年会の かんじ 。
かんじ＝中心になって世話をする人。

② ✦かこう にすむ魚。
かこう＝川が海や湖に流れこむ所。

③ のうこう のくらし。

④ 広大な ぎんが 。

⑤ さくら の えだ 。

⑥ 太い木の みき 。

⑦ うんが をわたる。
うんが＝陸地をほって人工的に造った川。

⑧ さくらぜんせん が北上する。

⑨ えだまめ を食べる。

⑩ 土地を✦ たがやす 。

漢字を知っトク！ 「河」と同じ読みの漢字に「川」があるよ。「河」は大きなかわ，「川」は小さなかわに使うよ。

29 貸・復・停・航・往

名前　　　点

月　日　時　分～　時　分

筆順 1 2 3 4 5　まちがえやすいところ…

貸（12画）

わすれずに　はねる　止める

読み方 音（タイ） 訓 かす

言葉 貸《か》し借《か》り　力《ちから》を貸《か》す　本《ほん》を貸《か》す

成り立ち 「貝」（お金）と「代」（かわる）で、お金をかしあたえる意味を表します。

貸　こかい

復（12画）

止める　はらう

読み方 音 フク

言葉 回復《かいふく》　修復《しゅうふく》　復習《ふくしゅう》　復活《ふっかつ》　復帰《ふっき》　復旧《ふっきゅう》

注意 同じ読みで同じ部分をもつ字に「複」があります。　復　複

復　ぎょうにんべん

停（11画）

たてに　はねる

読み方 音 テイ

言葉 停止《ていし》　停車《ていしゃ》　停電《ていでん》　停留所《ていりゅうじょ》

ポイント とちゅうでやめるという意味の他、とどまる、とまるという意味もあります。

停　にんべん

航（10画）

たてに　曲げてはねる

読み方 音 コウ

言葉 航海《こうかい》　航空機《こうくうき》　航路《こうろ》　出航《しゅっこう》

注意 右側を「亢」と書かないようにしましょう。　航×

航　ふねへん

往（8画）

長く

読み方 音 オウ

言葉 右往左往《うおうさおう》　往復《おうふく》　往年《おうねん》　往路《おうろ》　往来《おうらい》

ポイント 「彳」は、卝（十字路）の左半分の形からできた部首。道、「行く」などに関わる字に付きます。

往　ぎょうにんべん

1 □に漢字を書きましょう。（うすい字はなぞりましょう。）（一つ2点）

① □《か》す

② 回《かい》□《ふく》

③ □《ふく》習《しゅう》

④ □《てい》止《し》

⑤ □《こう》海《かい》

⑥ □《こう》空《くう》機《き》

⑦ □《おう》来《らい》

⑧ □《おう》路《ろ》

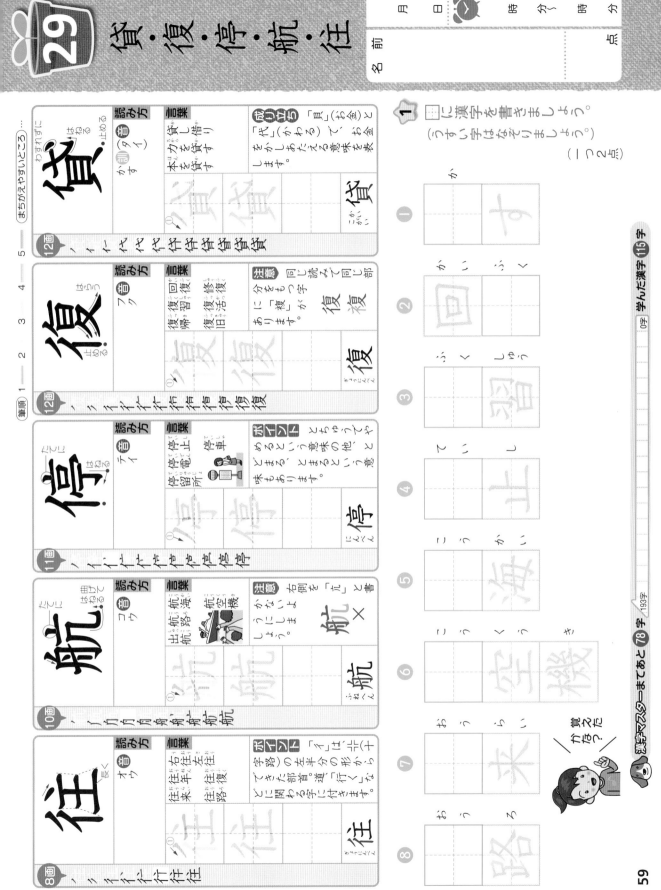

✦…まちがえやすい漢字

2 ――の漢字の読みがなを書きましょう。（一つ4点）

① チームに 復帰 する。（　　）

② 往路 は船で行く。（　　）

③ 船が 出航 する。（　　）

④ 病状《びょうじょう》が✦ 回復 する。（　　）

⑤ 往年 の大スター。（　　）
往年＝過ぎ去った年。昔。

⑥ 次の駅に 停車 する。（　　）

⑦ 交通が✦ 復旧 する。（　　）

⑧ 本の 貸 し借りをする。（　　）

⑨ 停留所 でバスを待つ。（　　）

⑩ 日本《にほん》と中国《ちゅうごく》を結ぶ 航路。（　　）
航路＝船や飛行機が通るみちすじ。

3 漢字を書きましょう。（〰〰は、漢字と送りがなで書きましょう。）（一つ4点）

①✦ おうふく　の交通費《こうつうひ》。

② 遠洋を　こうかい　する。
こうかい＝うみを船で進むこと。

③ 一時　ていし　する。

④ 算数の　ふくしゅう　。

⑤✦ こうくうき

⑥ 修《しゅう》　ふく　した絵を　か　し出す。

⑦ はんぷく　横とび

⑧ おうらい　のはげしい道。
おうらい＝人や車が行ったりきたりすること。

⑨ 町全体が　ていでん　する。

⑩ かさを　かす　。

漢字を知っトク！「往」は行くの意味，「復」は帰る・もどるの意味。「往復」は反対の意味の漢字を組み合わせてできた言葉だよ。

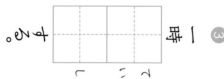

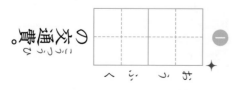

確・容・証・検・査

月　日　時　分～　時　分

名前　　点

筆順 1 2 3 4 5　まちがえやすいところ…

確（15画）

一 ア 不 石 石 石 矿 矿 矿 矿 砕 砕 碓 確 確

つき出す

読み方　音 カク　訓 たしか　たしかめる

言葉　確実《かくじつ》　正確《せいかく》　確《たし》かな事実《じじつ》　安全《あんぜん》を確《たし》かめる

注意　送りがなを「確める」や「確る」としないようにしましょう。

いしへん　確

容（10画）

丶 丷 宀 宀 宂 穴 穴 容 容 容

止める　はらう

読み方　音 ヨウ

言葉　内容《ないよう》　容積《ようせき》　容量《ようりょう》　容器《ようき》

ポイント　「容量」は中に入る分量という意味です。意味の似た言葉に「容積」があります。

うかんむり　容

証（12画）

丶 亠 亠 言 言 言 言 言 訂 訂 証 証

読み方　音 ショウ

言葉　証言《しょうげん》　証明《しょうめい》　保証《ほしょう》　証人《しょうにん》

ポイント　「言」（言葉）は「正」（正しい）と覚えましょう。

ごんべん　証

検（12画）

一 十 木 木 木 松 松 松 枱 栓 検 検

つき出さない　はらう　止める

読み方　音 ケン

言葉　検温《けんおん》　検定《けんてい》　点検《てんけん》

注意　形の似た字に「険」「験」があります。音読みも同じなので、使い分けに注意しましょう。

きへん　検

査（9画）

一 十 木 木 木 杏 杏 杳 査

はらう　長く

読み方　音 サ

言葉　期末考査《きまつこうさ》　検査《けんさ》　調査《ちょうさ》

注意　「且」の部分を「日」「目」「旦」などとしないようにしましょう。

き　査　査

1 □に漢字を書きましょう。（うすい字はなぞりましょう。）（一つ2点）

① □実《かくじつ》

② □か《たし》

③ 内□《ないよう》

④ □器《ようき》

⑤ □明《しょうめい》

⑥ 保□《ほしょう》

⑦ 点□《てんけん》

⑧ 調□《ちょうさ》

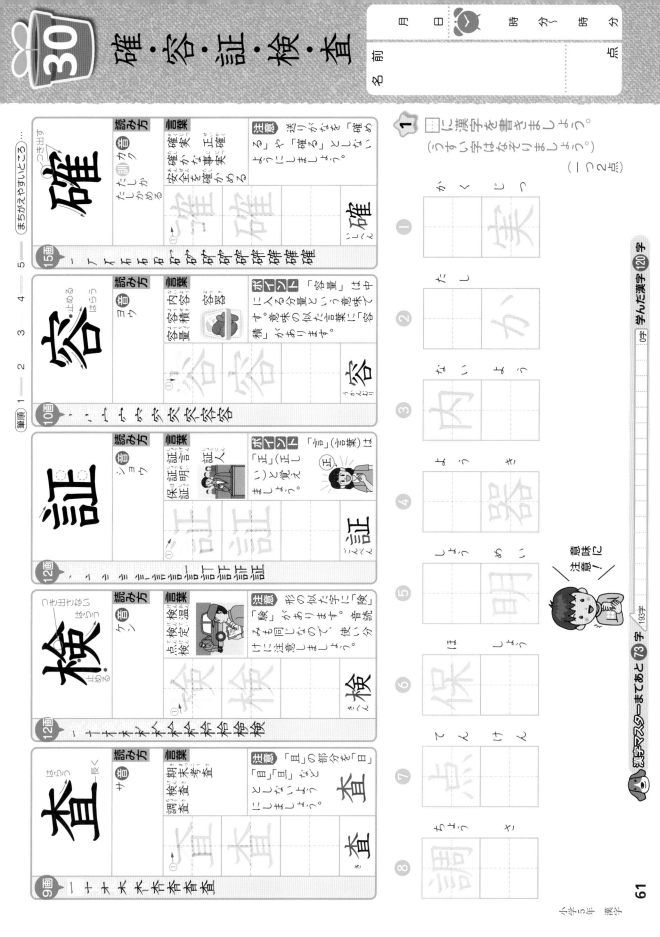

✦…まちがえやすい漢字

2 ――の漢字の読みがなを書きましょう。（一つ4点）

① 入れ物の容量を調べる。（　　）
② ✦確実にやりとげる。（　　）
③ 病院で検査を行う。（　　）
④ 確かな学力をつける。（　　）
⑤ かけ算の検算をする。（　　）
検算＝計算の答えが正しいかをたしかめること。
⑥ 水そうの容積。（　　）
容積＝入れ物の中に入る分量。
⑦ 身分を証明する。（　　）
⑧ 期末考査を受ける。（　　）
考査＝テスト。成績などを調べること。
⑨ 水泳の検定試験。（　　）
⑩ 証人として立つ。（　　）
証人＝裁判《さいばん》で、見たり聞いたりした事実を述べる人。

3 漢字を書きましょう。（〰〰は、漢字と送りがなで書きましょう。）（一つ4点）

① エレベーターの［てんけん］。
② 勝利を［かくしん］する。
かくしん＝かたくしんじること。
③ 保健室で［けんおん］する。
④ ✦［びょういん］
⑤ 大きな［ようき］。
⑥ 学力［ちょうさ］が行われる。
⑦ ［せいかく］な［しょうげん］。
しょうげん＝本当のことを明らかにするためにいうことば。
⑧ 話の［ないよう］。
⑨ 品質を［ほしょう］する。
ほしょう＝まちがいないとうけあうこと。
⑩ 答えを✦［たしかめる］。

漢字を知っトク！ 入れ物に入れられる分量は「容量」，使用すべき分量は「用量」だよ。使い分けに気をつけよう。

31 確認《かくにん》テスト 6

名前

月　日

目標 15分

点

1 ――の漢字の読みがなを書きましょう。（一つ3点）

❶ 田畑を 耕 す。（　　）

❷ 持ち物を 点検 する。（　　）

❸ みかんを 一個 食べる。（　　）

❹ 飛行機が 欠航 する。（　　）

❺ 停電で 右往左往 する。（　　）

右往左往＝右に行ったり左に行ったりうろうろすること。

❻ 質素 な服装《ふくそう》。（　　）

❼ わたり鳥の 習性 を 調査 する。（　　）（　　）

❽ 証言 の 内容 を明らかにする。（　　）（　　）

❾ 耕具 を 貸 し出す。（　　）（　　）

2 ――の漢字の読みがなを書きましょう。（一つ3点）

❶ 幹事 を引き受ける。（　　）

❷ 幹 の太さを測る。（　　）

❸ 河口 付近の工事。（　　）

❹ 河 の上流。（　　）

漢字を知っトク! 「航」は水上や空中を行くという意味の字。「欠航」は飛行機と船のどちらの場合にも使われるよ。

3 漢字を書きましょう。（〰〰は、漢字と送りがなで書きましょう。）　（一つ3点）

1 祭りが□□《ふっかつ》する。

2 おだやかな□□《せいかく》。

3 現場を□□《けんしょう》する。

けんしょう＝実際《じっさい》に調べて、はっきりさせること。

4 水とうの□□《ようりょう》。

5 □□《せいかく》な時計《とけい》。

6 □□《しつもん》に答える。

7 □□□《きょうつうせい》のある言語。

8 湖の水の成分を□□《けんさ》する。

9 島まで□□《こうろ》で□□《おうふく》する。

10 布の□□《そざい》を□《たしかめる》。

4 同じ部首の漢字を書きましょう。　（一つ4点）

1 □《さくら》の花がさく。

2 木の□《えだ》がゆれる。

3 □《こ》人の意見を言う。

4 バスが□《てい》車する。

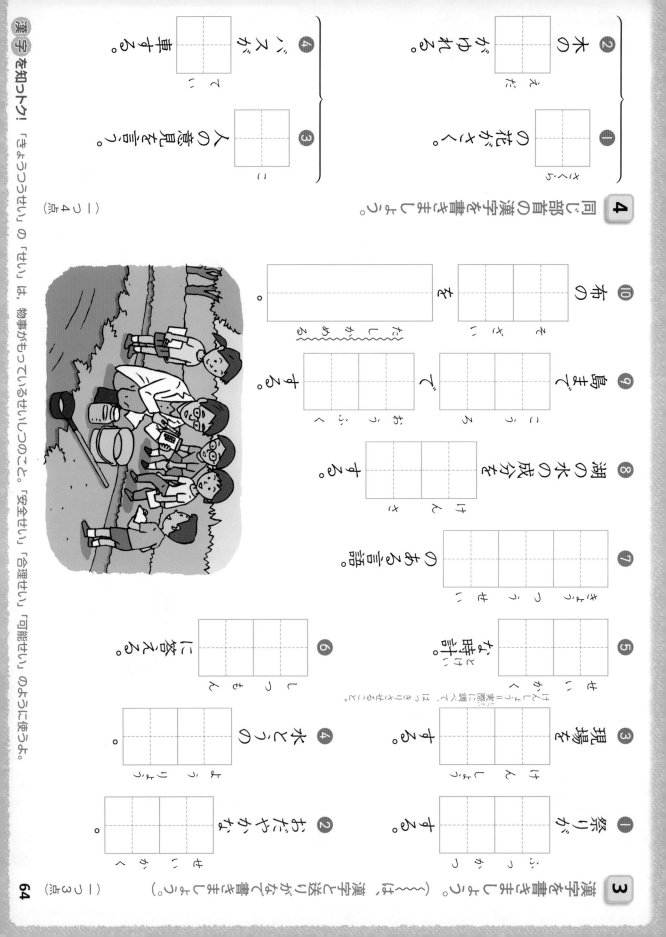

32 価・得・損・益・貧

名前

月　日　時　分〜　時　分

点

筆順 1 2 3 4 5　まちがえやすいところ…

価（8画）

ノ イ 仁 仁 佂 価 価 価

「西」としない　止める

読み方：音 カ

言葉：価格《かかく》　評価《ひょうか》　物価《ぶっか》　高価《こうか》

ポイント：「価」には「あたい」という意味があります。物の値段《ねだん》や値うちのことです。

価　にんべん

得（11画）

ノ ク 彳 彳 彳 彳 彳 得 得 得 得

止める　はねる

読み方：音 トク　訓 える（うる）

言葉：得意《とくい》　得点《とくてん》　協力《きょうりょく》を得《え》る

ポイント：「得」と「失」は反対の意味の漢字です。組にして覚えましょう。

得　ぎょうにんべん

損（13画）

一 十 扌 扌 扌 扌 扌 捐 捐 捐 損 損 損

折る　はねる　止める

読み方：音 ソン　訓（そこなう）（そこねる）

言葉：損害《そんがい》　損得《そんとく》　破損《はそん》　損失《そんしつ》

ポイント：「損得」は反対の意味の漢字を組み合わせた言葉です。損↔得

損　てへん

益（10画）

丶 丷 兰 兰 关 关 益 益 益 益

はらう　長く

読み方：音 エキ

言葉：実益《じつえき》　無益《むえき》　利益《りえき》　不利益《ふりえき》　有益《ゆうえき》

成り立ち：皿から水があふれる様子を表した字です。

益　さら

貧（11画）

ノ 八 分 分 分 贫 贫 贫 貧 貧 貧

あける　はらう　はねる　止める

読み方：音（ヒン）ビン　訓 まずしい

言葉：貧《びん》ぼう　心《こころ》が貧《まず》しい　貧しい生活《せいかつ》

成り立ち：「貝」（お金）が分かれる（散る）ことを表します。

貧　こがい

1 □に漢字を書きましょう。（うすい字はなぞりましょう。）（一つ2点）

1. □格《かかく》
2. 評□《ひょうか》
3. □意《とくい》
4. □《え》る
5. □害《そんがい》
6. 利□《りえき》
7. □ぼう《びんぼう》
8. □しい《まずしい》

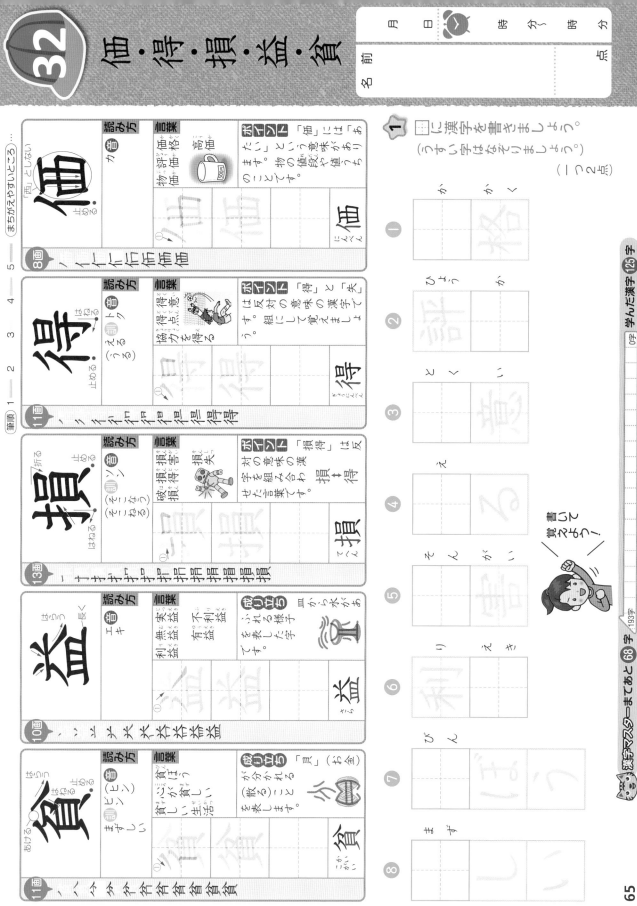

✦…まちがえやすい漢字

2 ――の漢字の読みがなを書きましょう。（一つ4点）

① 損得✦を計算する。（　）

② スポーツが得意だ。（　）

③ 有益な話を聞く。（　）
有益＝ためになること。役立つこと。

④ 定価で買う。（　）

⑤ 貧✦ぼうなくらし。（　）

⑥ 自分だけ損をする。（　）

⑦ よい評価を受ける。（　）

⑧ 貧しさにたえる。（　）

⑨ 物価が高い。（　）

⑩ 実益を調べる。（　）
実益＝実際《じっさい》のもうけ。

3 漢字を書きましょう。（〰〰は、漢字と送りがなで書きましょう。）（一つ4点）

① 車が□□《はそん》する。

② 商品の□□《かかく》が下がる。

③ 試合の□□《とくてん》。

④ □□《そんがい》が出る。

⑤ □□《むえき》な争い。

⑥ □□《こうか》な絵。

⑦ ✦□□《りえき》と□□《そんしつ》。

⑧ 相手を□□《せっとく》する。

⑨ 知識を□《える》。

⑩ 心が✦□《まずしい》。

漢字を知っトク!　「有益」と「むえき」，「りえき」と「そんしつ」は反対の意味の言葉だよ。組にして覚えよう。

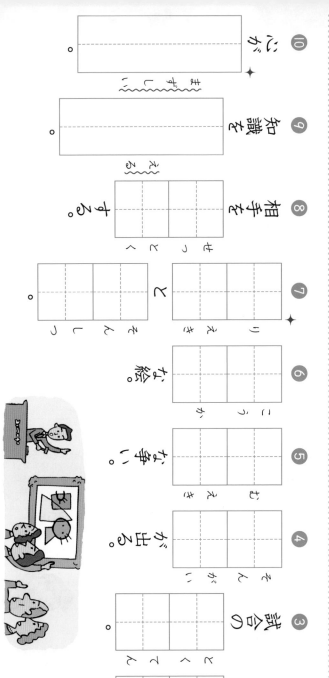

33 資・額・財・費・貯

筆順 1 2 3 4 5　まちがえやすいところ…

資（13画）
はねる　はらう　止める　「ミ」としない

読み方　音 シ

言葉　資格《しかく》　資材《しざい》　資料《しりょう》　資金《しきん》　資産《しさん》　物資《ぶっし》

ポイント　「貝」は、お金に関係する字に付きます。「資」には「もとで」という意味があります。

、 冫 冫 次 次 次 咨 咨 資 資 資 資 資

資 かい こがい

額（18画）
はらう　止める

読み方　音 ガク　訓 ひたい

言葉　金額《きんがく》　全額《ぜんがく》　ねこの額《ひたい》　高額《こうがく》　多額《たがく》

注意　「金額」などお金に関係する言葉があることから、「頁」を「貝」とまちがえやすいので注意。

額 おおがい

財（10画）
少しつき出す　はねる

読み方　音 ザイ（サイ）

言葉　財産《ざいさん》　財政《ざいせい》　文化財《ぶんかざい》

注意　「才」の部分を「オ」としないように注意しましょう。

丨 冂 月 月 目 貝 貝 貝 財 財

財 かいへん

費（12画）
はねる　止める

読み方　音 ヒ　訓 （つい(やす)）（つい(える)）

言葉　会費《かいひ》　食費《しょくひ》　費用《ひよう》　旅費《りょひ》

注意　「弓」の部分の画数と筆順に注意しましょう。

費 こがい

貯（12画）
はねる　止める

読み方　音 チョ

言葉　貯金《ちょきん》　貯水池《ちょすいち》

成り立ち　「貝」（お金）と「宁」（つみかさねる）を合わせて、お金をたくわえる意味を表します。

丨 冂 月 月 目 貝 貝 貝 貝 貯 貯 貯

貯 かいへん

名前　月　日　時　分～　時　分　点

1 □に漢字を書きましょう。（うすい字はなぞりましょう。）（一つ2点）

① しかく　格
② しりょう　料
③ きんがく　金
④ ひたい
⑤ ざいさん　産
⑥ しょくひ　食
⑦ ひよう　用
⑧ ちょきん　金

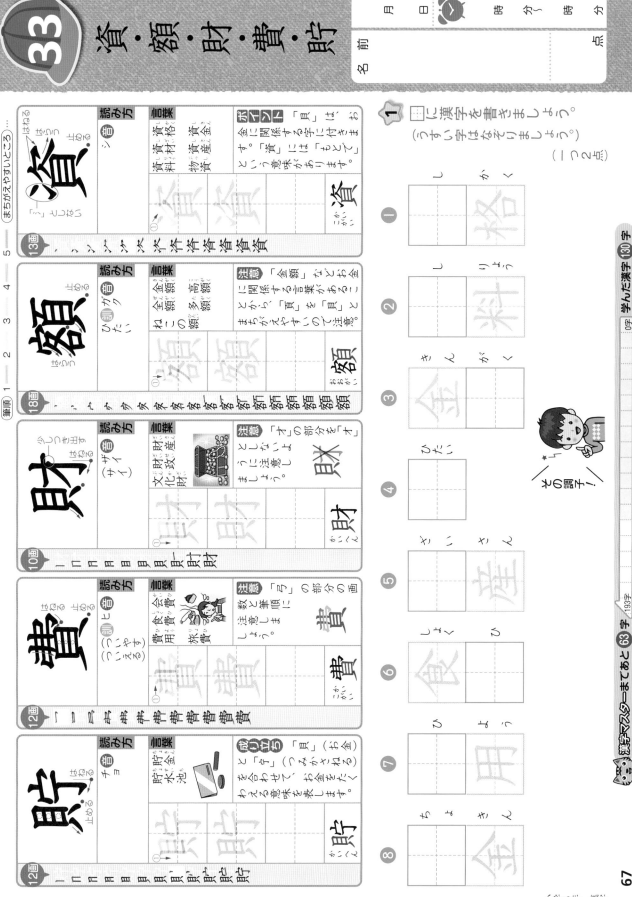

✦…まちがえやすい漢字

2 ――の漢字の読みがなを書きましょう。（一つ4点）

1. 高額な商品が当たる。（　　）
2. わが家の✦財政。（　　）
   財政＝お金をやりくりすること。
3. 会費をはらう。（　　）
4. 資金が底をつく。（　　）
5. 半額で買う。（　　）
6. 資材を調達する。（　　）
7. 大きな貯水池。（　　）
   貯水池＝水をたくわえておく人工の池。
8. 家財を整理する。（　　）
9. ✦物資を送る。（　　）
10. 京都《きょうと》までの旅費。（　　）

3 漢字を書きましょう。（一つ4点）

1. 美容師《びようし》の□□《しかく》。
2. □□《きんがく》を調べる。
3. 今月の✦□□《しょくひ》。
4. □□《ざいさん》を管理する。
5. □□《しりょう》を集める。
6. □□□□《ぶんかざい》を守る。
7. □□《たがく》の□□《ひよう》。
8. □□《ちょきん》をする。
9. ねこの✦□《ひたい》。
10. 野菜を□《ちょ》蔵《ぞう》する。

漢字を知っトク！「ねこのひたい」は，とてもせまい場所のたとえとして使うよ。例 うちの庭は，ねこのひたいほどしかない。

張・境・団・舎・墓

名前　　　点

月　日　時　分～　時　分

筆順 1 2 3 4 5　まちがえやすいところ…

張（11画）

ㇷ ㇰ 弓 弓 引 弡 弡 弡 弫 張 張 張

張（長く・はねる）

読み方　音 チョウ　訓 はる

言葉　主張《しゅちょう》　出張《しゅっちょう》　氷《こおり》が張《は》る　弓《ゆみ》を張《は》る

成り立ち　弓につるをかけてぴんとはる様子を表した字です。

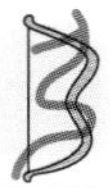

張　ゆみへん

境（14画）

一 十 土 圵 圵 圵 垃 垃 垆 垺 培 墇 境 境

境（たてに・下を長く・曲げてはねる）

読み方　音 キョウ（ケイ）　訓 さかい

言葉　逆境《ぎゃっきょう》　境界《きょうかい》　国境《こっきょう・くにざかい》　心境《しんきょう》　県境《けんざかい・けんきょう》　境目《さかいめ》

注意　形の似た字に「鏡」があるので注意しましょう。

境　鏡

境　つちへん

団（6画）

丨 冂 冂 冃 団 団

団（わすれずに・折る・はねる）

読み方　音 ダン

言葉　財団《ざいだん》　集団《しゅうだん》　団結《だんけつ》　団体戦《だんたいせん》　団地《だんち》　団長《だんちょう》

ポイント　「丸い」「かたまり」の意味をもつ字です。

団　くにがまえ

舎（8画）

ノ 人 𠆢 今 全 全 舎 舎

舎（はらう・はらう・下を長く）

読み方　音 シャ

言葉　駅舎《えきしゃ》　学舎《がくしゃ》　官舎《かんしゃ》　校舎《こうしゃ》　宿舎《しゅくしゃ》　兵舎《へいしゃ》

ポイント　建物という意味があります。駅舎・校舎・宿舎は全て建物です。

舎　ひとやね

墓（13画）

一 十 艹 艹 艹 苩 苩 草 莫 莫 莫 墓 墓

墓（長く・少しつき出す・はらう）

読み方　音 ボ　訓 はか

言葉　墓前《ぼぜん》　墓地《ぼち》　墓場《はかば》　墓参《はかまい》り

ポイント　死んだ人をほうむる所という意味があります。土にうめることから「土」が付きます。

墓　つち

1 □に漢字を書きましょう。（うすい字はなぞりましょう。）（一つ2点）

① □□《しゅちょう》（主）
② □る《は》
③ □□《こっきょう》（国）
④ □□《さかい》□《め》（目）
⑤ □□《しゅうだん》（集）
⑥ □□《こうしゃ》（校）
⑦ □□《ぼち》（地）
⑧ □□り《はかまい》（参）

✦…まちがえやすい漢字

2 ——の漢字の読みがなを書きましょう。（一つ4点）

1. 国境をこえる。（　　）
2. 墓参りをする。（　　）
3. 団地に住む。（　　）
4. 宿舎にとまる。（　　）
5. 心境が変化する。（　　）
6. 駅舎の工事。（　　）
7. 日帰りで出張する。（　　）
   出張＝仕事などの都合で、別の場所へ出向くこと。
8. 集団で駅に向かう。（　　）
9. となり町との✦境界。（　　）
10. ✦墓前に手を合わせる。（　　）

3 漢字を書きましょう。（〰〰は、漢字と送りがなで書きましょう。）（一つ4点）

1. みんなで［だんけつ］する。
2. 二階建ての［こうしゃ］。
3. 外国の［ぼち］。
4. かん✦［きょう］問題
5. ［はか］をみがく。
6. ［だんたいせん］
7. ［けんざかい］の［はかば］。
8. 妹の［しゅちょう］が通る。
9. 新しい［かんしゃ］ができる。
   かんしゃ＝公務員のための住宅《じゅうたく》。
10. 氷が✦［はる］。

漢字を知っトク! 「国境」は訓読みと音読みの両方の読み方があるよ。

35 備・準・防・災・犯

名前　　点

月　日　時　分～　時　分

筆順 1 2 3 4 5　まちがえやすいところ…

備（12画）

ノ イ 仁 什 件 伊 併 併 併 偌 備 備

はねる　止める

読み方 音 ビ　訓 そなえる　そなわる

言葉 整備《せいび》　予備《よび》　台風《たいふう》に備《そな》える

ポイント 前もって用意しておく、そろえておくという意味があります。

備　にんべん

準（13画）

丶 冫 氵 氵 汁 汁 汁 汁 淮 淮 淮 準 準

「氵」としない　つき出す　長く

読み方 音 ジュン

言葉 基準《きじゅん》　準決勝《じゅんけっしょう》　準備《じゅんび》　水準《すいじゅん》　標準《ひょうじゅん》

注意 「氵」は「十」の上におさまるように書きます。　✕凖

準　さんずい

防（7画）

フ ３ 阝 阝 阝 防 防

たてに　二画で　はねる

読み方 音 ボウ　訓 ふせぐ

言葉 防火《ぼうか》　防止《ぼうし》　火事《かじ》を防《ふせ》ぐ　風《かぜ》を防《ふせ》ぐ

ポイント 土をもり上げて、あふれ出る水をふせぐつつみという意味があります。

防　こざとへん

災（7画）

く 巛 巛 巛 巛 災 災

はらう

読み方 音 サイ　訓 （わざわい）

言葉 火災《かさい》　災害《さいがい》　人災《じんさい》　戦災《せんさい》　天災《てんさい》　防災《ぼうさい》

ポイント 生活をさまたげるわざわいという意味があります。

災　ひ

犯（5画）

ノ 犭 犭 犯 犯

つき出さない　折る　曲げてはねる

読み方 音 ハン　訓 （おかす）

言葉 犯行《はんこう》　犯罪《はんざい》　犯人《はんにん》　防犯《ぼうはん》　防犯意識《ぼうはんいしき》

注意 「㔾」の筆順と形に気をつけましょう。　㔾

犯　けものへん

1 □に漢字を書きましょう。（うすい字はなぞりましょう。）（一つ2点）

❶ 整《せい》□《び》

❷ □《そな》える

❸ □《じゅん》決《けっ》勝《しょう》

❹ 水《すい》□《じゅん》

❺ □《ぼう》止《し》

❻ □《ふせ》ぐ

❼ 天《てん》□《さい》

❽ □《はん》人《にん》

見直しは　できたか？

✦…まちがえやすい漢字

2 ――の漢字の読みがなを書きましょう。（一つ4点）

1 防火 とびらがしまる。（　）

2 予備✦ のペン。（　）

3 戦災 のつめあと。（　）

4 備品 を新しいものにかえる。（　）
備品＝ある場所にいつもある品物。

5 犯行 を食い止める。（　）

6 基準 を設ける。（　）

7 空調の 設備。（　）

8 消防団 に入る。（　）

9 遠足の✦ 準備 をする。（　）

10 天災 にみまわれる。（　）
天災＝自然によって起こるさいがい。

3 漢字を書きましょう。（〰〰は、漢字と送りがなで書きましょう。）（一つ4点）

1 車を せいび する。

2 事故《じこ》を ぼうし する。

3 じんさい を起こさない。

4 ぼうはん 意識を高める。

5 すいじゅん が高い。

6 じゅんけっしょう

7 さいがい の よぼう。

8 はんにん をつかまえる。

9 雨を✦ ふせぐ。

10 台風に✦ そなえる。

漢字を知っトク! 「準」には，目安となるものという意味の他に，そのものに次ぐという意味があるよ。

36 確認《かくにん》テスト 7

名前

月　日

目標 15分

点

1 ——の漢字の読みがなを書きましょう。（一つ3点）

❶ 貧ぼうからぬけ出す。（　　）

❷ 資産を管理する。（　　）

❸ 意見を主張する。（　　）

❹ 財団を設立する。（　　）

❺ 標準的な大きさ。（　　）

❻ 空と海との境目。（　　）

❼ 犯罪《ざい》を未然に防ぐ。（　　）（　　）

❽ 学舎のそばにある墓地。（　　）（　　）
学舎＝学校。

❾ 価格が下がり、不利益をこうむる。（　　）（　　）

2 ——の漢字の読みがなを書きましょう。（一つ3点）

❶ 味方が得点する。（　　）

❷ 日常《にちじょう》の心得。（　　）

❸ 額にあせをかく。（　　）

❹ 全額をしはらう。（　　）

漢字を知っトク！「不利益」は，「利益」の上に打ち消しの意味をもつ「不」を付けた言葉だよ。「不利益」は「損」と同じ意味だよ。

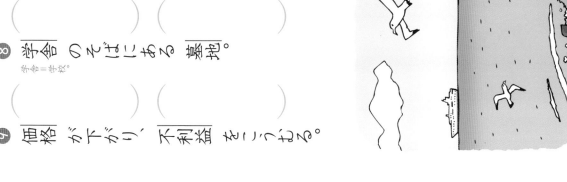

3 漢字を書きましょう。（〰〰は、漢字と送りがなで書きましょう。） （一つ3点）

❶ 弓を＿＿《は》る。

❷ ＿＿＿＿《ちょきん》を下ろす。

❸ 祖父母《そふぼ》の＿＿＿＿《ざいさん》。

❹ ＿＿＿＿《そんえき》を計算する。

❺ 電力を＿＿＿＿《しょうひ》する。

❻ ＿＿＿＿《ぼうはん》ブザー

❼ 文人のねむる＿＿＿＿《はかば》。

❽ 社会科の＿＿＿＿《しりょう》を＿＿＿＿《じゅんび》する。

❾ 想像力が＿＿＿＿《まずしい》。

❿ ＿＿＿＿《さいがい》に＿＿＿＿《そなえる》。

4 同じ読み方をする漢字を書きましょう。 （一つ4点）

❶ ＿＿＿＿《きょうかい》線を引く。

❷ ＿＿＿＿《きょうかい》のかねの音。

❸ ＿＿＿＿《ていか》より安い商品。

❹ 気温が＿＿＿＿《ていか》する。

漢字を知っトク! 「さいがい」は，「わざわい」と「がい」という似た意味の漢字を組み合わせた言葉だよ。

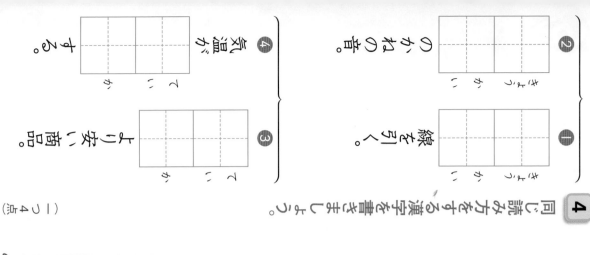

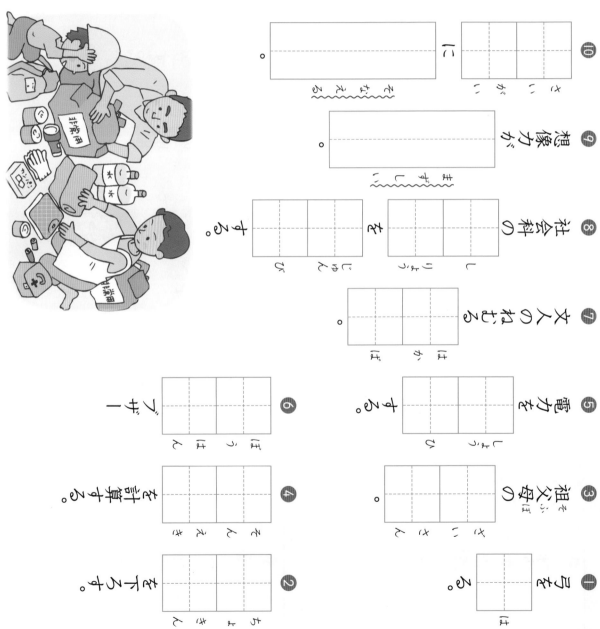

37 常・再・略・逆・序

筆順 1 2 3 4 5 まちがえやすいところ…

常（11画）
折る　はねる
読み方　音 ジョウ　訓 つね
言葉　常識《じょうしき》　正常《せいじょう》　通常《つうじょう》　日常《にちじょう》　常《つね》に
ポイント　もとは長い布のこと。そこから長い時間を意味するようになりました。
常　はば
筆順　丨 ⺌ ⺌ 𰀁 ⺍ 𫩏 尚 尚 常 常 常

再（6画）
つき出す　つき出さない　はねる
読み方　音 サイ サ　訓 ふたたび
言葉　再会《さいかい》　再現《さいげん》　再来週《さらいしゅう》　再《ふたた》び出会《であ》う
注意　最後の横画はつき出すように書きましょう。 ×再
再　どうがまえ けいがまえ まきがまえ
筆順　一 丆 冂 币 再 再

略（11画）
小さく　はらう
読み方　音 リャク
言葉　計略《けいりゃく》　省略《しょうりゃく》　戦略《せんりゃく》　略式《りゃくしき》　略図《りゃくず》　略歴《りゃくれき》
成り立ち　田んぼに小道を作ることから近道の意味になりました。

略　たへん
筆順　丨 冂 冂 田 田 田' 畋 畋 畋 略 略

逆（9画）
一画で　はらう
読み方　音 ギャク　訓 さか さからう
言葉　逆転《ぎゃくてん》　逆風《ぎゃくふう》　逆《さか》さま　流《なが》れに逆《さか》らう
注意　「屰」の部分を「屰」「屰」としないようにしましょう。 逆× 逆×
逆　しんにょう しんにゅう
筆順　丶 丷 丷 䒑 屰 屰 逆 逆 逆

序（7画）
たてに　はねる　はらう
読み方　音 ジョ
言葉　順序《じゅんじょ》　序曲《じょきょく》　序文《じょぶん》　序列《じょれつ》

ポイント　順番という意味や、物事のはじめという意味があります。
序　まだれ
筆順　丶 亠 广 广 户 序 序

名前　　点
月　日　時　分～　時　分

1 □に漢字を書きましょう。（うすい字はなぞりましょう。）（一つ2点）

1. 正《せい》□《じょう》
2. □《つね》
3. □《さい》会《かい》
4. □《ふたた》び
5. 省《しょう》□《りゃく》
6. □《ぎゃく》転《てん》
7. □《さか》らう
8. 順《じゅん》□《じょ》

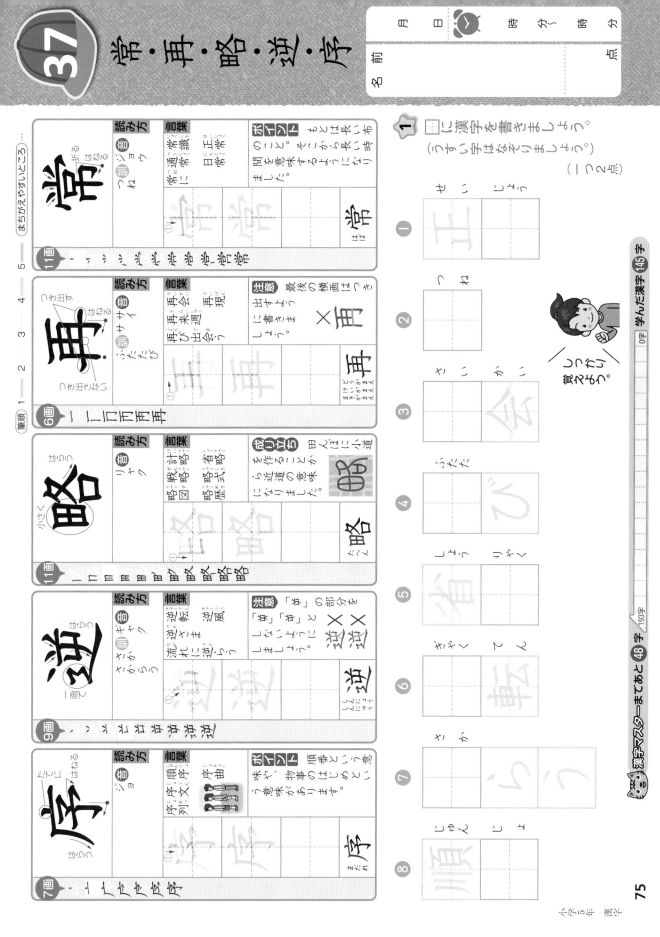

✦…まちがえやすい漢字

2 ――の漢字の読みがなを書きましょう。（一つ4点）

1 逆立ちをする。（　　）

2 ✦常識から外れる。（　　）

3 戦略を立てる。（　　）
戦略＝戦いに勝つための計画。

4 逆風に立ち向かう。（　　）

5 会社を再建する。（　　）

6 通常どおり営業する。（　　）

7 映像《えいぞう》を再現する。（　　）
再現＝消えたものをもう一度現すこと。

8 ✦常日ごろの心がけ。（　　）

9 美しい序曲。（　　）
序曲＝オペラなどでまくが開く前にえんそうする曲。

10 計略をめぐらす。（　　）
計略＝自分の思いどおりの結果にするための計画。

3 漢字を書きましょう。（〰〰は、漢字と送りがなで書きましょう。）（一つ4点）

1 じょれつ をつける。
じょれつ＝じゅんじょ。

2 機械が せいじょう に動く。

3 さか さまになる。

4 ぎゃくてん 勝ち

5 母は つね にえがおだ。

6 じゅんじょ を入れかえる。

7 さらいしゅう の予定。

8 じょぶん の しょうりゃく 。
じょぶん＝前書き。

9 ✦ふたたび 始める。

10 流れに✦ さからう 。

漢字を知っトク! 「再」には二つの音読みがあるよ。「サイ」は「ふたたび」，「サ」は「その次の」という意味のときに使うことが多いよ。

38 際・限・程・均・肥

名前　　　点
月　日　時　分～　時　分

筆順 1 2 3 4 5 まちがえやすいところ…

際（14画）

「夕」としない　二画で　下を長く　はねる

ｱ ｳ ﾌ ﾌﾞ ﾌﾟ 阝 阝ﾀ 阝ﾀﾞ 阝ﾀﾟ 阝祭 際 際 際 際

読み方 音 サイ

言葉 交際《こうさい》　国際《こくさい》　国際的《こくさいてき》　実際《じっさい》

注意 「阝」が字の左側に付くと「こざとへん」、右側に付くと「おおざと」です。

際（こざとへん）

限（9画）

点をつけない

ﾌ ｳ 阝 阝ﾌ 阝ﾖ 阝ﾖ 阝艮 阝艮 限

読み方 音 ゲン　訓 かぎる

言葉 期限《きげん》　限界《げんかい》　限定《げんてい》　限度《げんど》　時間《じかん》を限《かぎ》る

注意 右の部分を「良」「艮」としないようにしましょう。

限（こざとへん）

程（12画）

止める　いちばん長く

ノ 二 千 禾 禾 和 和 和 程 程 程 程

読み方 音 テイ　訓（ほど）

言葉 音程《おんてい》　過程《かてい》　行程《こうてい》　程度《ていど》　日程《にってい》

成り立ち いねのほの長さを示す字。長さや度合いを表します。

程（のぎへん）

均（7画）

折る　はねる

一 十 土 ｽ 圴 均 均

読み方 音 キン

言葉 均一《きんいつ》　均質《きんしつ》　均整《きんせい》　均等《きんとう》　平均《へいきん》

ポイント 土を平らにすることから、等しいことを表した字です。

均（つちへん）

肥（8画）

折る　曲げて　はねる

ノ 刀 月 月 月ﾌ 月ｺ 月巴 肥

読み方 音 ヒ　訓 こえる　こえ　こやす　こやし

言葉 肥料《ひりょう》　肥《こ》えた土《つち》　肥《こえ》をやる

ポイント 「月」（にくづき）は、体に関係する漢字に付きます。他に「脈《みゃく》」「腸《ちょう》」などがあります。

肥（にくづき）

---

1 □に漢字を書きましょう。（うすい字はなぞりましょう。）（一つ2点）

① 国□的《こくさいてき》

② □界《げんかい》

③ □る《かぎる》

④ 音□《おんてい》

⑤ 平□《へいきん》

⑥ □料《ひりょう》

⑦ □える《こえる》

⑧ □《こえ》

✦…まちがえやすい漢字

2 ――の漢字の読みがなを書きましょう。（一つ4点）

① 今日《きょう》 限りでやめる。（　　）
② 実際の出来事。（　　）
③ 約束の期限がせまる。（　　）
④ 野菜の肥やし。（　　）
肥やし＝作物がよく育つように土にまくもの。ひりょう。
⑤ ✦均等に分ける。（　　）
⑥ 広く交際する。（　　）
交際＝人と人とがつき合うこと。
⑦ 百円均一の店。（　　）
⑧ 三人✦程度なら入れる。（　　）
⑨ 人数を限定する。（　　）
⑩ 肥満を解消する。（　　）

3 漢字を書きましょう。（〰〰は、漢字と送りがなで書きましょう。）（一つ4点）

① さいげん［　　］なく続く。
さいげん＝きり。果て。
② へいきん［　　］点を取る。
③ 旅行の にってい［　　］。
④ げんかい［　　］を知る。
⑤ 畑に ✦こえ［　　］をやる。
こえ＝こやし。
⑥ ✦こくさいてき［　　］な仕事。
⑦ きんしつ［　　］な ひりょう［　　］。
きんしつ＝せいしつが同じであること。
⑧ おんてい［　　］を正す。
おんてい＝二つのおとの高さのちがい。
⑨ 土が こえる［　　］。
⑩ 入場者を ✦かぎる［　　］。

漢字を知っトク！「均等」は，「均」も「等」も「ひとしい」という意味の字だよ。似た意味の漢字を組み合わせた言葉だね。

39 製・属・精・鉱・銅

名前　　　点　　月　日　時　分～　時　分

筆順 1 2 3 4 5　まちがえやすいところ…

製（14画）

つき出す　はねる

読み方：音 セイ

筆順：丿 𠂉 𠂉 𠂉 𠂉 𠂉 𠂉 制 制 制 製 製 製 製

言葉：製作《せいさく》　製造《せいぞう》　製鉄《せいてつ》　製鉄所《せいてつじょ》　製品《せいひん》　手製《てせい》

成り立ち　布地を切って着物を仕立てることからできた字です。

製　ころも

属（12画）

はらう　はねる

読み方：音 ゾク

筆順：一 コ 尸 尸 尸 屄 屄 属 属 属 属 属

言葉：金属《きんぞく》　所属《しょぞく》　配属《はいぞく》　付属《ふぞく》

ポイント　つきしたがうという意味の他に、仲間という意味もあります。

属　しかばね／かばね

精（14画）

いちばん長く　はねる　止める

読み方：音 セイ（ショウ）

筆順：丶 丷 𠂉 半 米 米 米 粁 粁 粁 粁 精 精 精

言葉：精根《せいこん》　精算《せいさん》　精神《せいしん》　精通《せいつう》　精度《せいど》　精読《せいどく》

注意　同じ部分をもつ字に「清」「晴」がありま す。読みも同じなので、注意しましょう。

精　こめへん

鉱（13画）

たてに　止める　右上へ

読み方：音 コウ

筆順：丿 𠆢 𠆢 𠆢 全 𠆢 余 金 金 釒 鉱 鉱 鉱

言葉：鉱山《こうざん》　鉱石《こうせき》　鉱物《こうぶつ》　鉱脈《こうみゃく》　鉄鉱石《てっこうせき》

ポイント　ほり出したままの金属という意味があります。

鉱　かねへん

銅（14画）

止める　はねる

読み方：音 ドウ

筆順：丿 𠆢 𠆢 𠆢 全 𠆢 余 金 金 釒 釦 銅 銅 銅

言葉：銅貨《どうか》　銅線《どうせん》　銅像《どうぞう》　銅《どう》メダル

ポイント　銅で造られたお金のことを「銅貨」といいます。

銅　かねへん

1 □に漢字を書きましょう。（うすい字はなぞりましょう。）（一つ2点）

① せい ぞう（□ 造）
② せい ひん（□ 品）
③ きん ぞく（金 □）
④ せい しん（□ 神）
⑤ せい ど（□ 度）
⑥ こう ざん（□ 山）
⑦ こう ぶつ（□ 物）
⑧ どう ぞう（□ 像）

ばっちりだね。

漢字マスターまであと 38 字　193字　0字　学んだ漢字 155 字

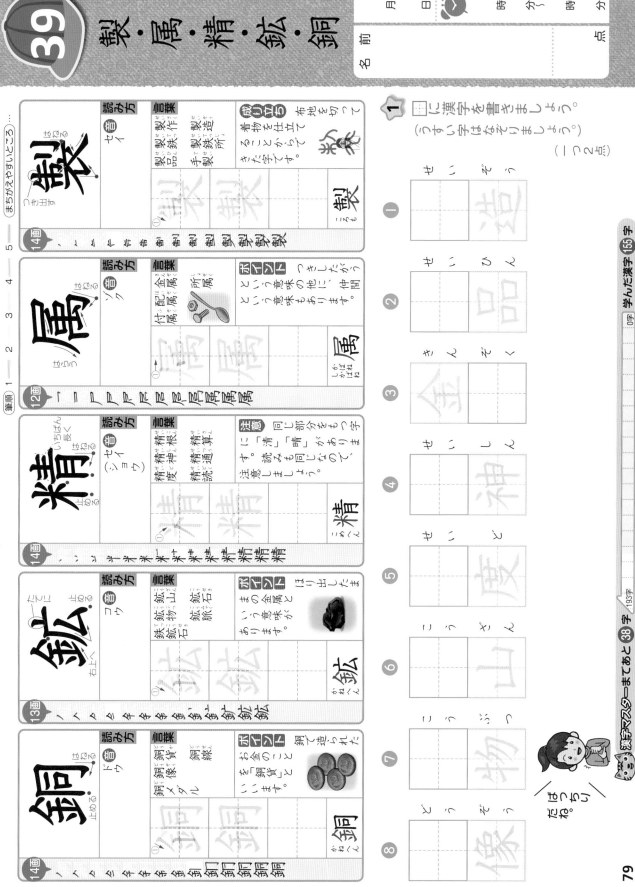

✦…まちがえやすい漢字

2 ――の漢字の読みがなを書きましょう。（一つ4点）

① 野球部に✦所属する。（　　）

② 鉱脈《みゃく》を見つける。（　　）
鉱脈＝こうぶつがつまってつながっているところ。

③ 付属品を集める。（　　）

④ テント用品を✦製作する。（　　）

⑤ 機械の精度を上げる。（　　）
精度＝正確さの度合い。

⑥ 鉱山をほる。（　　）

⑦ 書物を精読する。（　　）
精読＝細かいところまで注意して読むこと。

⑧ 銅像を建てる。（　　）

⑨ 手製のかばん。（　　）

⑩ 精根をかたむける。（　　）
精根＝物事を行う気力。

3 漢字を書きましょう。（一つ4点）

① 外国の　せいひん　を売る。

② 天然の　こうぶつ　を運ぶ。

③ 運賃《うんちん》を✦　せいさん　する。

④ 二枚《にまい》の　どうか　。

⑤ 　てっこうせき　

⑥ 　どう　メダル

⑦ 　きんぞく　の　せいぞう　。

⑧ 肉体と✦　せいしん　。

⑨ 　せいてつじょ　で働く。

⑩ 　はいぞく　先が決まる。

漢字を知っトク！「製作」は，道具や機械を使って物を作ること。「制作」は，美術品などを作ることだよ。

40 歴・史・堂・紀・句

名前　　　　点

月　日　時　分～　時　分

筆順 1　2　3　4　5　まちがえやすいところ…

歴（14画）

一 厂 厂 厂 厂 厂 厂 厂 厤 厤 厤 歴 歴 歴

歴（止める・はらう）

読み方 音 レキ

言葉 学歴《がくれき》　歴代《れきだい》　歴任《れきにん》

注意 部首は「厂」ではなく、「止」です。同じ部首の字に「正」「歩」などがあります。

歴（とめる）

史（5画）

丨 口 口 中 史

史（つき出す・はらう）

読み方 音 シ

言葉 史実《しじつ》　日本史《にほんし》　歴史《れきし》　世界史《せかいし》

注意 形の似た字に「央」があります。　史　央

史（くち）

堂（11画）

丨 ⺌ ⺌ 尚 尚 尚 尚 堂 堂 堂 堂

堂（たてに・上より長く）

読み方 音 ドウ

言葉 お堂《どう》　食堂《しょくどう》　堂堂《どうどう》（堂々《どうどう》）と

注意 上の部分を「ッ」と書かないようにしましょう。

堂（つち）

紀（9画）

幺 幺 幺 糸 糸 糸 紀 紀 紀

紀（曲げてはねる・止める）

読み方 音 キ

言葉 紀行文《きこうぶん》　二十一世紀《にじゅういっせいき》　風紀《ふうき》

注意 形の似た字に「記」があります。　紀　記

紀（いとへん）

句（5画）

ノ 勹 勹 句 句

句（はねる）

読み方 音 ク

言葉 慣用句《かんようく》　句点《くてん》　句読点《くとうてん》　語句《ごく》　俳句《はいく》　文句《もんく》

ポイント 「慣用句」は、二つ以上の言葉が結び付いてできた、特別な意味を表す言葉です。

句（くち）

---

1 □に漢字を書きましょう。（うすい字はなぞりましょう。）（一つ2点）

① □代《れきだい》

② 日本□《にほんし》

③ □□《れきし》

④ お□《どう》

⑤ □行文《きこうぶん》

⑥ 風□《ふうき》

⑦ 語□《ごく》

⑧ 俳□《はいく》

2 ――の漢字の読みがなを書きましょう。（一つ4点）

✦…まちがえやすい漢字

① ✦句読点を打つ。（　　）

② 慣用《かんよう》句の意味を知る。（　　）

③ 史上最大の規模《きぼ》。（　　）
史上＝れきしに残されているはんい。

④ 学校の風紀を守る。（　　）
風紀＝生活する上での道徳のきまり。

⑤ 役員を歴任する。（　　）
歴任＝次々にさまざまな役職につくこと。

⑥ ✦堂々と行進する。（　　）
堂々＝力強くてりっぱな様子。

⑦ 紀元前にいた生き物。（　　）
紀元前＝キリストが生まれたとされる年（西れき一年）より前の年。

⑧ 日本史を学ぶ。（　　）

⑨ 大学の講《こう》堂。（　　）

⑩ 自分の学歴を書く。（　　）
学歴＝どんな学校を出たかやどんな勉強をしてきたかということ。

3 漢字を書きましょう。（一つ4点）

① □□《しょくどう》のメニュー。

② □□《れきだい》の王様の絵。
れきだい＝今までの全てのだい。

③ ✦□□《もんく》を言う。
もんく＝相手に対する不平や不満。

④ □□《れきし》の本。

⑤ 俳《はい》□《く》をよむ。

⑥ □□□《きこうぶん》を書く。

⑦ 十七✦□□《せいき》のお□《どう》。

⑧ □□《しじつ》にもとづく小説。
しじつ＝れきしの中で本当にあったことがら。

⑨ 国会□□□《ぎじどう》
ぎじどう＝ぎいんが集まって、話し合うための建物。

⑩ □□《ごく》を調べる。

漢字を知っトク！「きこうぶん」は，旅行中の体験や感想などを書いたもの。似た意味の言葉に「旅行記」があるよ。

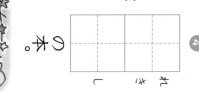

41 確認《かくにん》テスト 8

名前

月　日

目標 15分

点

1 ——の漢字の読みがなを書きましょう。（一つ3点）

❶ 銅線をまく。（　　）

❷ 序列が変わる。（　　）

❸ 音楽に精通する。（　　）

精通＝くわしくよく知っていること。

❹ 工場の略図。（　　）

❺ 歴史上の人物。（　　）

❻ 約一時間の行程だ。（　　）

❼ 再来年までを期日の限度とする。（　　）（　　）

❽ 鉱石から有益な金属を取り出す。（　　）（　　）

❾ 食堂は常に満席だ。（　　）（　　）

2 ——の漢字の読みがなを書きましょう。（一つ3点）

❶ 逆さまの形。（　　）

❷ 試合の日から逆算する。（　　）

❸ 畑に肥をまく。（　　）

❹ 合成肥料を作る。（　　）

漢字を知っトク！「行程」とは道のりのこと，「工程」とは作業の順序のことだよ。

3 漢字を書きましょう。（〰〰は、漢字と送りがなで書きましょう。）（一つ3点）

1 土地が□《こ》える。

2 □《せかいし》を学ぶ。

3 □《ふたた》び顔を合わす。

4 □《きんせい》のとれた顔立ち。

きんせい＝物の形などが、つり合いがとれてととのっていること。

5 □《ふうき》を正す。

6 進化の□《かてい》をたどる。

かてい＝物事が進んだり変化をしたりしていく間の様子。

7 文に□《くてん》を打つ。

8 運命に□《さからう》。

9 □《こくさい》試合で友人に□《さいかい》する。

10 □《せいひん》の数を□《かぎる》。

4 似た形の漢字を書きましょう。（一つ4点）

1 □《どう》像を見上げる。

2 鉄□《こう》石

3 正々□《どう》々と戦う。

4 非□《じょう》に暑い。

漢字を知っトク! 「かてい」は，「課てい」「家庭」「仮定」など同じ読み方の言葉が多いので注意しよう。「仮」はこれから習う漢字だよ。

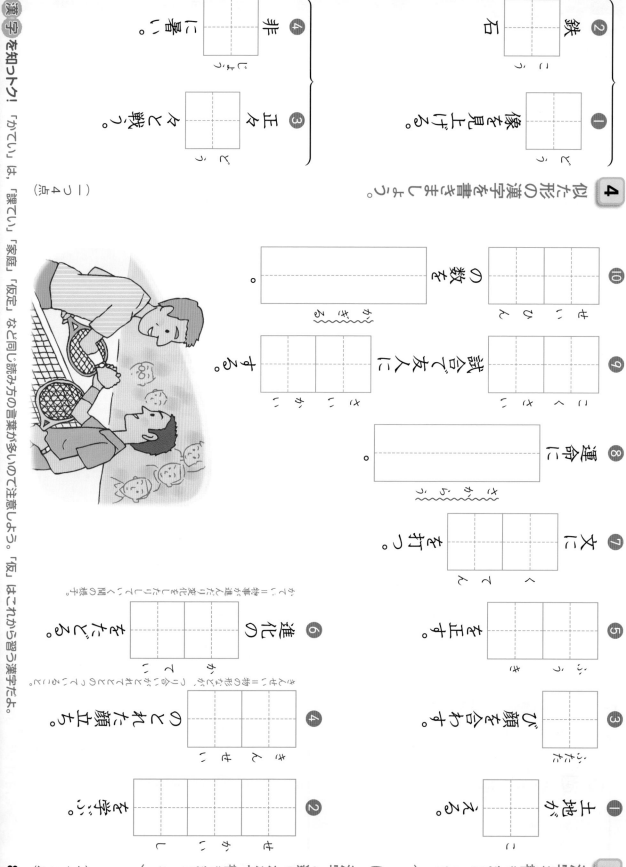

42 版・修・講・授・刊

名前

月　日　時　分～　時　分

点

筆順 1 2 3 4 5　まちがえやすいところ…

版（8画）

つき出す　折る　はらう　止める

ノ 丿 片 片 片 版 版 版

読み方 音 ハン

言葉 出版《しゅっぱん》　図版《ずはん》　絶版《ぜっぱん》　版画《はんが》　版木《はんぎ》　木版《もくはん》

注意 「片」の形に注意しましょう。

版　かたへん

修（10画）

わすれずに　はらう　いちばん長く

ノ イ 亻 亻 亻 亻 攸 攸 修 修

読み方 音 シュウ（シュ）　訓 おさめる　おさまる

言葉 改修《かいしゅう》　修正《しゅうせい》　修復《しゅうふく》　修理《しゅうり》　学問《がくもん》を修《おさ》める

注意 学ぶという意味があり、「学問を修める」などと使います。「治める」と区別しましょう。

修　にんべん

講（17画）

つき出す

丶 亠 亠 亖 言 言 言 言 訁 訁 訁 訁 諎 講 講 講 講

読み方 音 コウ

言葉 講演《こうえん》　講義《こうぎ》　講習会《こうしゅうかい》　講堂《こうどう》

注意 相手にわかるように話すという意味があります。部首は「言」。形の似た「構」と区別しましょう。

講　ごんべん

授（11画）

はらう　はねる

一 十 扌 扌 扌 扌 扌 扌 护 授 授

読み方 音 ジュ　訓（さずける）（さずかる）

言葉 教授《きょうじゅ》　授業《じゅぎょう》　授賞式《じゅしょうしき》　伝授《でんじゅ》

成り立ち 「扌」（手）と「受」（うける）を合わせた字です。手わたしをすることを表します。

授　てへん

刊（5画）

つき出さない　下を長く　止める

一 二 干 刊 刊

読み方 音 カン

言葉 刊行《かんこう》　月刊《げっかん》　新刊《しんかん》　朝刊《ちょうかん》

ポイント 「刂」（刀）で木をけずる意味。昔の印刷手法であったことから、本を作ることを意味します。

刊　りっとう

1 □に漢字を書きましょう。（うすい字はなぞりましょう。）（一つ2点）

1. 出《しゅっ》□《ぱん》
2. □《はん》画《が》
3. □《しゅう》正《せい》
4. □《おさ》める
5. □《こう》義《ぎ》
6. □《じゅ》業《ぎょう》
7. □《かん》行《こう》
8. 新《しん》□《かん》

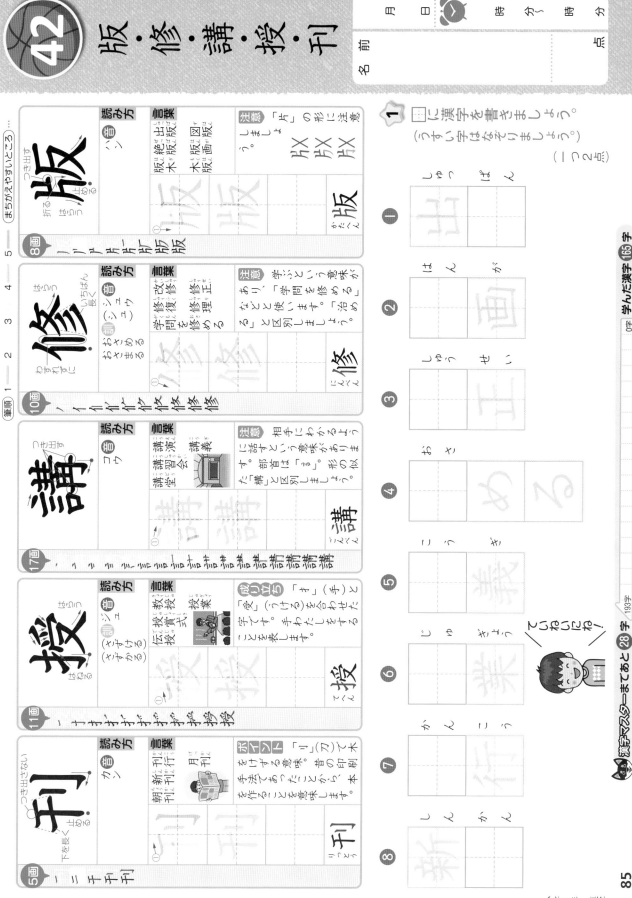

✦…まちがえやすい漢字

2 ――の漢字の読みがなを書きましょう。（一つ4点）

❶ ✦改修工事が始まる。（　　）
❷ 朝刊を配る。（　　）
❸ 知識を伝授する。（　　）
❹ ✦講義に出席する。（　　）
❺ 新刊が発売される。（　　）
❻ 金品を授受する。（　　）
授受＝うけわたし。
❼ 時計《とけい》を修理する。（　　）
❽ 版画を刷る。（　　）
❾ 関係を修復する。（　　）
❿ ✦絶版になった本。（　　）
絶版＝再び発行しないこと。

3 漢字を書きましょう。（〰〰は、漢字と送りがなで書きましょう。）（一つ4点）

❶ 本を［しゅっぱん］する。
❷ ［こうどう］に集まる。
❸ 写真集が［かんこう］される。
かんこう＝本などの印刷物を印刷して世に出すこと。
❹ ［じゅぎょう］を受ける。
❺ ［げっかん］誌《し》
❻ ［こうしゅうかい］に参加する。
❼ ✦［ずはん］の［しゅうせい］。
ずはん＝印刷物に入れる絵や図。
❽ 学者の［こうえん］を聞く。
❾ 大学の［きょうじゅ］。
❿ ✦学問を［おさめる］。
おさめる＝習い学ぶ。身につける。

漢字を知っトク！「授受」は，「さずける」と「受ける」という反対の意味の漢字を組み合わせた言葉だよ。

43 状・態・快・慣・仮

筆順 1 2 3 4 5 まちがえやすいところ…

状（7画）

| ｜ 丬 丬 丬 壮 状 状

わすれずに　はらう　止める

読み方 音 ジョウ

言葉 現状《げんじょう》　病状《びょうじょう》　礼状《れいじょう》　年賀状《ねんがじょう》

ポイント 様子や形という意味の他、「礼状」などのように、手紙という意味でも使われます。

状　いぬ

態（14画）

厶 厶 ㇒ 台 台 自 自 自' 能 能 能 能 態 態 態

曲げてはねる　止める

読み方 音 タイ

言葉 事態《じたい》　実態《じったい》　状態《じょうたい》　態勢《たいせい》　態度《たいど》

ポイント 「態勢」は物事への身構えのこと。同じ読みの「体勢」は姿勢《しせい》のことです。

態　こころ

快（7画）

丶 丶 忄 忄 快 快 快

つき出す　はらう

読み方 音 カイ　訓 こころよい

言葉 快感《かいかん》　快晴《かいせい》　快調《かいちょう》　不快《ふかい》　快《こころよ》い返事《へんじ》

注意 訓読みを「こころちよ（い）」としないように注意しましょう。

快　りっしんべん

慣（14画）

丶 丶 忄 忄 忄 忄 忄 忄 慣 慣 慣 慣 慣 慣

「母」としない　止める

読み方 音 カン　訓 なれる　ならす

言葉 慣習《かんしゅう》　慣例《かんれい》　習慣《しゅうかん》　寒《さむ》さに慣《な》れる

成り立ち 「忄」と「貫」（つらぬく）を合わせた字で、同じことをして心がなれるという意味があります。

慣　りっしんべん

仮（6画）

ノ イ 仁 仮 仮 仮

はらう　止める

読み方 音 カ（ケ）　訓 かり

言葉 仮説《かせつ》　仮設《かせつ》　仮定《かてい》　仮面《かめん》　仮住《かりず》まい　仮《かり》に

ポイント 見せかけ、間に合わせという意味があります。

仮　にんべん

1 □に漢字を書きましょう。
（うすい字はなぞりましょう。）（一つ2点）

① げん　じょう　現□
② たい　ど　□度
③ かい　せい　□晴
④ こころよ　□い
⑤ しゅう　かん　習□
⑥ な　□れる
⑦ か　めん　□面
⑧ かり　□に

名前　月　日　時　分～　時　分　点

✦…まちがえやすい漢字

2 ――の漢字の読みがなを書きましょう。（一つ4点）

1. 慣習✦にしたがう。（　）
2. 実態を調べる。（　）
3. 快調なエンジン音だ。（　）
4. 仮説✦を立てる。（　）
5. 態勢を整える。（　）
6. 町の現状を伝える。（　）
7. 全員来ると仮定する。（　）
8. 暑さに体を慣らす。（　）
9. 礼状を受け取る。（　）
10. 勝利の快感を味わう。（　）

3 漢字を書きましょう。（〰〰は、漢字と送りがなで書きましょう。）（一つ4点）

1. □《かり》の住まい。
2. 毎日の□《しゅうかん》。
3. □《かめん》をかぶる。
4. 天気は□《かいせい》だ。
5. きん急□《じたい》が発生する。
6. □《ねんがじょう》
7. □《びょうじょう》が安定する。
8. □《ふかい》な✦□《たいど》。
9. ✦□《こころよい》風だ。
10. 寒さに□《なれる》。

漢字を知っトク! 「かめんをかぶる」は，本心・本性《ほんしょう》をかくして別なものに見せるという意味でも使われるよ。

44 件・条・因・謝・罪

名前

月　日　時　分～　時　分

点

筆順 1 2 3 4 5 まちがえやすいところ…

件（6画）

件（つき出す／下を長く／止める）

読み方　音 ケン

言葉　事件《じけん》　物件《ぶっけん》　用件《ようけん》

成り立ち　「亻」（人）が「牛」（うし）を引く様子を表した字で、一つ一つのことがらを表します。

件　にんべん

ノ亻亻'仁件件

条（7画）

条（はらう／止める）

読み方　音 ジョウ

言葉　三《さん》か条《じょう》　条件《じょうけん》　条約《じょうやく》　条例《じょうれい》　信条《しんじょう》

ポイント　一区切りずつ分けて書いたものという意味があります。「か条書き」などと使います。

条　き

ノク夂冬冬条条

因（6画）

因（折る）

読み方　音 イン

言葉　因果《いんが》関係《かんけい》　原因《げんいん》　敗因《はいいん》　要因《よういん》

成り立ち　ふとんの上で大の字にねている様子を表します。

因　くにがまえ

丨冂冂闩因因

謝（17画）

謝（つき出す／わすれずに／はねる）

読み方　音 シャ　訓（あやまる）

言葉　感謝《かんしゃ》　月謝《げっしゃ》　謝礼《しゃれい》　面会謝絶《めんかいしゃぜつ》

ポイント　お礼、断る、あやまるという意味があります。

謝　ごんべん

丶亠亠言言言言訁訂訂訂訒諍謝謝謝謝

罪（13画）

罪（折る／はらう）

読み方　音 ザイ　訓 つみ

言葉　罪人《ざいにん・つみびと》　謝罪《しゃざい》　犯罪《はんざい》　無罪《むざい》　罪《つみ》をつぐなう

注意　上の「罒」を「四」としないようにしましょう。

×罪

罪　あみがしら　あみめ　よこめ

丨冂冂罒罒罒罕罕罪罪罪罪罪

1 □に漢字を書きましょう。（うすい字はなぞりましょう。）（一つ2点）

❶ 事《じ》□《けん》

❷ □《じょう》約《やく》

❸ □《じょう》例《れい》

❹ 原《げん》□《いん》

❺ 感《かん》□《しゃ》

❻ 月《げっ》□《しゃ》

❼ □《ざい》人《にん》

❽ □《つみ》

✦…まちがえやすい漢字

2 ――の漢字の読みがなを書きましょう。（一つ4点）

1. 敗因を考える。（　　）
2. 用件を話す。（　　）
3. ✦謝罪の言葉を述べる。（　　）
4. 条例を制定する。（　　）
   条例＝都道府県や市町村の議会で決めた決まり。
5. 要因を調べる。（　　）
6. 面会謝絶が解かれる。（　　）
   面会謝絶＝人と会うのを断ること。
7. 罪人をとらえる。（　　）
8. わが家の三か条。（　　）
9. 月謝を用意する。（　　）
10. ✦条件に当てはめる。（　　）

3 漢字を書きましょう。（一つ4点）

1. ✦［かんしゃ］の気持ち。
2. ［はんざい］を防止する。
3. ［じょうやく］を結ぶ。
4. 新築の［ぶっけん］。
   ぶっけん＝もの。特に土地やたてもの。
5. ［つみ］をつぐなう。
6. ［いんがかんけい］
   いんが＝げんいんとけっか。
7. ［むざい］の可能性。
8. ✦［じけん］の［げんいん］。
9. ［しゃれい］をはらう。
10. ［しんじょう］を守る。
    しんじょう＝固くしんじて守っていることがら。

漢字を知っトク！「いんが」は，「げんいん」と「けっか」という反対の意味をもつ言葉の漢字を一字ずつ組み合わせた言葉だよ。

45 賞・賛・喜・夢

名前　　点
月　日　時　分～　時　分

筆順 1 2 3 4 5　まちがえやすいところ…

賞（15画）
たてに／止める
読み方：音 ショウ
言葉：一等賞《いっとうしょう》　金賞《きんしょう》　賞金《しょうきん》　賞品《しょうひん》
ポイント　「ほめる」「めでる」「ほうび」という意味があります。「観賞」は、見て楽しむこと。
賞　かい こがい
筆順：丨 丨 丷 ⺌ 𰀁 尚 ... 賞

賛（15画）
止める
読み方：音 サン
言葉：賛成《さんせい》　賛美《さんび》　絶賛《ぜっさん》　賛同《さんどう》　賞賛《しょうさん》
ポイント　わきから助ける、ほめたたえる、絵にそえる言葉という意味があります。
賛　かい こがい

喜（12画）
つき出さない／長く
読み方：音 キ　訓 よろこぶ
言葉：喜劇《きげき》　悲喜《ひき》　大喜《おおよろこ》び
ポイント　「喜」と「悲」は反対の意味の漢字です。組にして覚えましょう。
喜　くち

夢（13画）
平たく／「四」としない
読み方：音 ム　訓 ゆめ
言葉：悪夢《あくむ》　夢中《むちゅう》　初夢《はつゆめ》　夢想《むそう》　正夢《まさゆめ》
注意　部首は「艹」ではなく、「夕」です。同じ部首の漢字に「外」「夜」などがあります。
夢　た ゆうべ

もっと知っトク
漢字を使って気持ちを表そう
「喜」のような、人の気持ちを表す漢字は、他にも「悲（かなしい）」「楽（たのしい）」「苦（くるしい）」など、たくさんあります。たくさん覚えて自分の気持ちを上手《じょうず》に書き表せるようにしましょう。

1 □に漢字を書きましょう。（うすい字はなぞりましょう。）（一つ2点）

❶ 一等《いっとう》□《しょう》
❷ □《しょう》金《きん》
❸ □《さん》成《せい》
❹ 絶《ぜっ》□《さん》
❺ □《き》劇《げき》
❻ □《よろこ》ぶ
❼ □《む》中《ちゅう》
❽ 初《はつ》□《ゆめ》

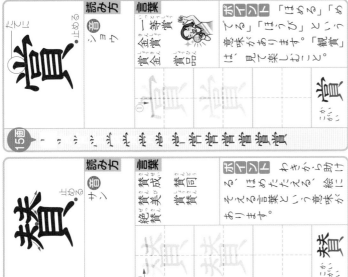

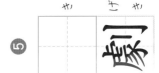

2 ――の漢字の読みがなを書きましょう。（一つ4点）

✦…まちがえやすい漢字

1 多くの賛同を得る。（　）

2 福引きの賞品。（　）

3 悲喜こもごも（　）

悲喜こもごも＝悲しみとよろこびを両方味わうこと。

4 夢が✦正夢になる。（　）

正夢＝夢で見たことが現実になった夢。

5 賞金を手に入れる。（　）

6 大自然を賛美する。（　）

賛美＝心からほめたたえること。

7 家族で大喜びする。（　）

8 友が口々に✦賞賛する。（　）

賞賛＝ほめたたえること。

9 植物を観賞する。（　）

10 悪夢から覚める。（　）

3 漢字を書きましょう。（〰〰は、漢字と送りがなで書きましょう。）（一つ4点）

1 話に✦□□《むちゅう》になる。

2 □□《しょうじょう》をもらう。

3 □□□□《じがじさん》

じがじさん＝じぶんでじぶんをほめること。

4 □《き》劇《げき》役者

き劇＝人を笑わせる劇。

5 今年《ことし》の□□《はつゆめ》。

6 絵が□□《ぜっさん》される。

ぜっさん＝大変にほめること。

7 □□□《いっとうしょう》になる。

8 □□《きんしょう》を□《ゆめ》見る。

9 意見に□□《さんせい》する。

10 心から✦□《よろこぶ》。

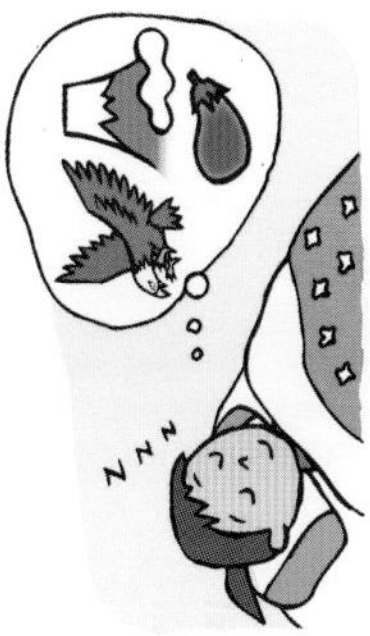

漢字を知っトク！「賞品」は、ほうびとしてあたえたりもらったりする品物、「商品」は、売り買いする品物のことだよ。

46 確認《かくにん》テスト 9

名前　　月　日　目標 15分　　点

1 ――の漢字の読みがなを書きましょう。（一つ3点）

❶ 授賞式を行う。

❷ 事故《じこ》の原因を究明する。

❸ ふんいきに慣れる。

❹ まちがいを修正する。

❺ 未来を夢想する。

夢想＝当てのないことを考えること。

❻ 悲喜こもごもある。

❼ 古い版木の状態を調べる。

版木＝印刷するために字などをほった木の板。

❽ 新刊が今月中に出版される。

❾ みんなの賛同の声に感謝する。

2 ――の漢字の読みがなを書きましょう。（一つ3点）

❶ 仮のすがた。

❷ 橋を仮設する。

仮設＝間に合わせのものとして一時的につくること。

❸ 罪をみとめる。

❹ 犯罪を許さない。

漢字を知っトク！「授賞」の反対語は「受賞」。「授賞式」はあるけれど，「受賞式」はないので気をつけよう。

3 漢字を書きましょう。（〰〰は、漢字と送りがなで書きましょう。）（一つ3点）

❶ □《よろこ》ばしい知らせ。

❷ □《ゆめ》のような時間を過ごす。

❸ 市の□《じょうれい》。

❹ お□《れいじょう》を書く。

❺ 生活の□《じったい》。

❻ 大切な□《ようけん》を思い出す。

❼ 生物学の□《こうぎ》を受ける。

❽ 医学を□《おさめる》。

❾ □《はんが》の□《じゅぎょう》。

❿ □《しゃざい》を□《こころよく》受け入れる。

4 同じ読み方をする漢字を書きましょう。（一つ4点）

❶ 本日は□《かいせい》だ。

❷ 規則を□《かいせい》する。

❸ 交通安全□《しゅうかん》

❹ 歯みがきの□《しゅうかん》。

47 粉・毒・酸・液・燃

名前　　月　日　時　分～　時　分　　点

筆順 1 2 3 4 5　まちがえやすいところ…

粉（10画）

粉　あける　はねる

読み方　音 フン　訓 こ　こな

言葉　花粉《かふん》　小麦粉《こむぎこ》　粉薬《こなぐすり》　粉末《ふんまつ》

注意　右側は「分」ではなく、「分」です。　粉○　粉×

筆順：丶 丷 丷 半 米 米 米 粉 粉 粉

粉（こめへん）

毒（8画）

毒　長く　止める　はねる

読み方　音 ドク

言葉　気《き》の毒《どく》　消毒《しょうどく》　毒薬《どくやく》　有毒《ゆうどく》

注意　下の部分は「毋」です。「母」と書かないようにしましょう。

筆順：一 十 キ 主 圭 毒 毒 毒

毒（なかれ）

酸（14画）

酸　「西」としない　止める　はらう

読み方　音 サン

言葉　酸性《さんせい》　酸味《さんみ》　二酸化炭素《にさんかたんそ》　酸素《さんそ》　炭酸《たんさん》　炭素《たんそ》

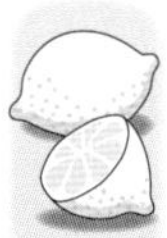

ポイント　「酸味」はすっぱい味のことです。

筆順：一 厂 丅 万 两 西 酉 酉 酉 酢 酢 酸 酸 酸

酸（とりへん）

液（11画）

液　たてに　わすれずに

読み方　音 エキ

言葉　胃液《いえき》　液体《えきたい》　血液《けつえき》

ポイント　「液体」は形のない、流れる性質のもの。一定の形のある状態のものは「固体」です。

筆順：丶 丶 氵 氵 汁 汸 汸 液 液 液 液

液（さんずい）

燃（16画）

燃　「夕」としない　わすれずに

読み方　音 ネン　訓 もえる　もやす　もす

言葉　燃費《ねんぴ》　燃料《ねんりょう》　火《ひ》が燃《も》える　まきを燃《も》す

ポイント　似た意味の字に「焼」（やーく）があります。　燃　焼

筆順：丶 丷 火 火 火 炒 炒 炒 炒 燃 燃 燃 燃 燃 燃 燃

燃（ひへん）

1 □に漢字を書きましょう。（うすい字はなぞりましょう。）（一つ2点）

❶ 花《か》□《ふん》

❷ 小《こ》麦《むぎ》□《こ》

❸ □《こな》薬《ぐすり》

❹ 消《しょう》□《どく》

❺ □《さん》性《せい》

❻ □《えき》体《たい》

❼ □《ねん》料《りょう》

❽ □《も》える

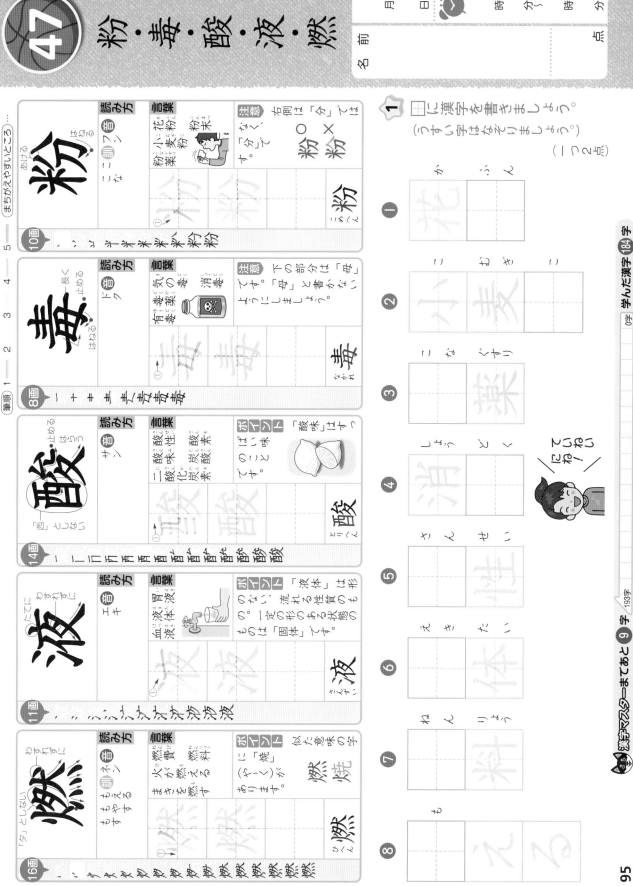

✦…まちがえやすい漢字

2 ——の漢字の読みがなを書きましょう。（一つ4点）

❶ 血液を採《と》る。（　　）
❷ 酸素がうすい。（　　）
❸ 車の✦燃費が向上する。（　　）
燃費＝一定の燃料で、どのくらいのきょりを走れるかを数値《すうち》で表したもの。
❹ 毒薬を取りあつかう。（　　）
❺ 胃《い》液の分ぴつ。（　　）
❻ 小麦粉を使った料理。（　　）
❼ 有毒な成分をふくむ。（　　）
❽ まきを✦燃す。（　　）
❾ 酸味の強い食べ物。（　　）
❿ 粉末のスープを買う。（　　）

3 漢字を書きましょう。（〰〰は、漢字と送りがなで書きましょう。）（一つ4点）

❶ バスの＿＿《ねんりょう》。
❷ 手を＿＿《しょうどく》する。
❸ ＿＿《えきじょう》のかぜ薬。
❹ すぎの＿＿《かふん》が飛ぶ。
❺ 気の＿＿《どく》に思う。
❻ ＿＿《ふねん》ごみ
❼ ✦＿＿《さんせい》の＿＿《えきたい》。
❽ 苦い＿＿《こなぐすり》を飲む。
❾ ＿＿《にさんか》炭素
❿ 材木が✦＿＿《もえる》。

漢字を知っトク！「燃」の部首は「火」(ひへん)だよ。「然」の下の部分の「灬」(れんが・れっか)ではないので注意しよう。

48 師・故・婦・妻・祖

名前　　点

月　日　時　分～　時　分

筆順 1 2 3 4 5　まちがえやすいところ…

師（10画）

つき出さない　はねる

読み方　音 シ

言葉　医師《いし》　恩師《おんし》　教師《きょうし》　講師《こうし》　漁師《りょうし》

ポイント　先生、専門《せんもん》の技術をもつ人という意味があります。

はば　師

故（9画）

はらう

読み方　音 コ　訓（ゆえ）

言葉　故意《こい》　故国《ここく》　故事《こじ》　故人《こじん》　事故《じこ》

ポイント　「故人」はなくなった人、「古人」は昔の人、「個人」は一人《ひとり》の人のことです。

ぼくにょう　のぶん　故

婦（11画）

つき出さない　少しつき出す　はねる　止める

読み方　音 フ

言葉　産婦人科《さんふじんか》　主婦《しゅふ》　新婦《しんぷ》　婦人服《ふじんふく》　老婦人《ろうふじん》

成り立ち　女の人と「帚《ほうき》」を合わせた字です。

おんなへん　婦

妻（8画）

つき出す　少しつき出す　長く　止める

読み方　音 サイ　訓 つま

言葉　妻子《さいし》　妻帯者《さいたいしゃ》　夫妻《ふさい》　妻《つま》と夫《おっと》

ポイント　「婦」「妻」とも、結こんした女性という意味があります。

おんな　妻

祖（9画）

止める　つき出す

読み方　音 ソ

言葉　元祖《がんそ》　先祖《せんぞ》　祖国《そこく》　祖先《そせん》　祖父《そふ》　祖母《そぼ》

ポイント　「先祖」も「祖先」も、その家系《かけい》に属した昔の人々という意味があります。

しめすへん　祖

1 □に漢字を書きましょう。（うすい字はなぞりましょう。）（一つ2点）

❶ 医《い》□《し》

❷ 教《きょう》□《し》

❸ □《こ》国《こく》

❹ 事《じ》□《こ》

❺ 主《しゅ》□《ふ》

❻ □《さい》子《し》

❼ □《つま》

❽ □《そ》先《せん》

漢字マスターまであと 4 字　193字　0字　学んだ漢字 189 字

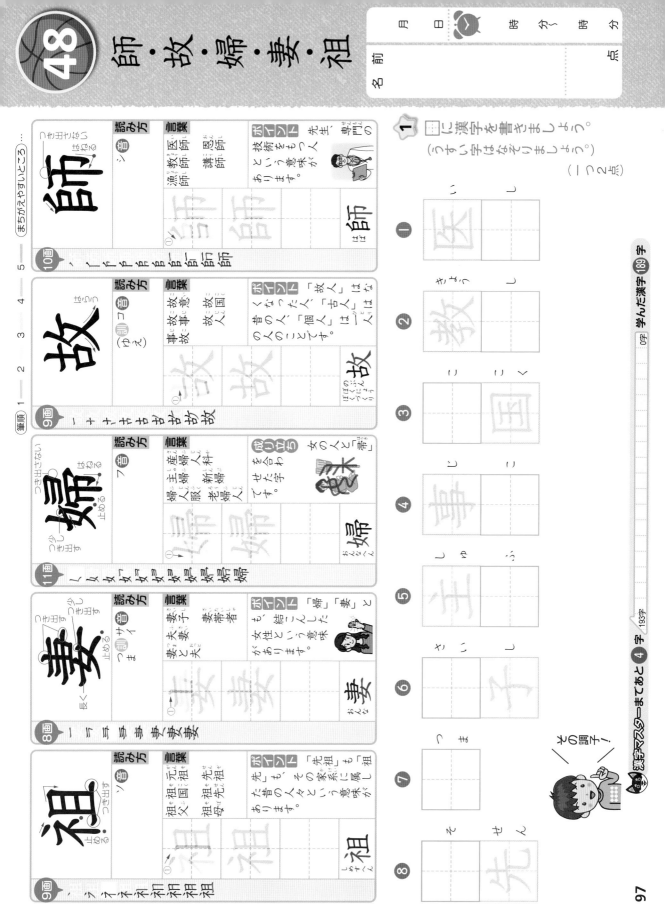

✦…まちがえやすい漢字

2 ――の漢字の読みがなを書きましょう。（一つ4点）

1 医師を目指す。（　）
2 故事を調べる。（　）
故事＝昔から伝わる話やいわれ。
3 新婦が入場する。（　）
4 故意に行う。（　）
故意＝わざと行うこと。
5 妻帯者の意見。（　）
妻帯者＝つまがいる人。
6 祖母からの手紙。（　）
7 ✦講師をむかえる。（　）
8 山田《やまだ》✦夫妻と会う。（　）
9 元祖といわれる店。（　）
元祖＝あることを初めてした人。
10 産婦人科の先生。（　）

3 漢字を書きましょう。（一つ4点）

1 □□《しゅふ》の仕事。
2 ✦□□《じこ》を防止する。
3 音楽の□□《きょうし》。
4 □□《そせん》を思う。
5 □《つま》と遠くの街に出かける。
6 ✦□□□□《ふじんふく》売り場
7 □□《そふ》の□□《ここく》。
ここく＝自分の生まれたくにや地方。
8 □□《さいし》の名前。
9 □□《そこく》の歴史。
そこく＝せんぞから住んできたくに。自分の生まれたくに。
10 □□《りょうし》が船を出す。

漢字を知っトク！「夫妻」は，「夫」と「妻」という対《つい》の意味の漢字を組み合わせた言葉だよ。「夫婦《ふうふ》」と似た意味だよ。

49 採・飼・眼・脈

名前
月　日　時　分～　時　分　点

筆順 1 2 3 4 5 まちがえやすいところ…

採（11画）

一 ナ 扌 扌 扌 扩 扩 抨 抨 採 採

はらう　はねる

読み方 音 サイ　訓 とる

言葉 採決《さいけつ》　採集《さいしゅう》　採点《さいてん》　採用《さいよう》　山菜《さんさい》採《と》り

注意 きのこなどを手でつみ取るときは「採る」を使います。

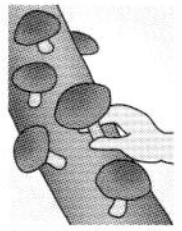

採 てへん

飼（13画）

ノ 𠆢 𠆢 今 今 今 刍 食 食 飣 飼 飼 飼

止める　はねる

読み方 音 シ　訓 かう

言葉 飼育《しいく》　飼料《しりょう》　飼《か》い犬《いぬ》　ねこを飼《か》う

ポイント 動物に食べ物をあたえて養う意味です。

飼 しょくへん

眼（11画）

丨 冂 Ħ 月 目 目ᄀ 目ᄏ 目ᄏ 眼 眼 眼

点をつけない○　はらう　はねる

読み方 音 ガン　訓（まなこ）

言葉 眼科《がんか》　眼球《がんきゅう》　眼帯《がんたい》　近眼《きんがん》　肉眼《にくがん》

ポイント 特別な読み方に「眼鏡《めがね》」があります。

眼 めへん

脈（10画）

丿 刀 月 月 月′ 肵 肵 肵 脈 脈

はらう　止める

読み方 音 ミャク

言葉 山脈《さんみゃく》　葉脈《ようみゃく》　脈《みゃく》を打《う》つ

注意 六・八・十画目は順に、「左へはらう」→「止める」→「右へはらう」です。

脈 にくづき

もっと知っトク

「山脈」ってどんな場所？

山が多いところは「山地」、多くの山が続いて長く連なっているところは「山脈」とよびます。同じように山々が集まった場所でもよび方にちがいがあるので、地図で確かめてみましょう。

1 □に漢字を書きましょう。（うすい字はなぞりましょう。）（一つ2点）

① さい［ ］しゅう［集］

② さい［ ］てん［点］

③ と［ ］る

④ し［ ］いく［育］

⑤ か［ ］う

⑥ がん［ ］か［科］

⑦ にく［肉］がん［ ］

⑧ さん［山］みゃく［ ］

漢字マスター おめでとう！　193字　0字　学んだ漢字193字

✦…まちがえやすい漢字

2 ――の漢字の読みがなを書きましょう。（一つ4点）

① 地下の 水脈 をさがす。（　　）

②✦ 採決 をとる。（　　）

③ 近眼 で遠くが見えづらい。（　　）

④ 眼球 を動かす。（　　）

⑤ 飼 い犬のしつけ。（　　）

⑥ 植物の 採集。（　　）

⑦ 牛を✦ 飼育 する。（　　）

⑧ 商売の 採算 が取れる。（　　）

採算＝収入《しゅうにゅう》と支出がつりあうこと。もうけがあること。

⑨ 葉脈 をすかして見る。（　　）

葉脈＝葉に見えるすじで、水分や養分の通り道。

⑩ 眼帯 を付ける。（　　）

3 漢字を書きましょう。（〰〰は、漢字と送りがなで書きましょう。）（一つ4点）

① テストの＿＿《さいてん》。

② ＿＿《みゃく》が速くなる。

③ 妹の案を＿＿《さいよう》する。

④ 牛の＿＿《しりょう》用のほし草。

しりょう＝えさ。

⑤ 話の＿＿《ぶんみゃく》。

⑥✦ ＿＿《がんか》の先生。

⑦ ＿＿《にくがん》で星を見る。

⑧ ＿＿《がんぜん》の＿＿《さんみゃく》。

がんぜん＝目のまえ。

⑨ 庭で犬を＿＿《かう》。

⑩ 山菜を✦＿＿《とる》。

漢字を知っトク! 「脈」は，からだ(月)の中を流れる血のすじみちを表した字。そこから，一すじに続くものの意味にもなったよ。

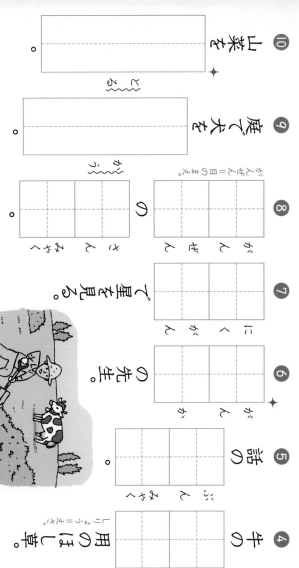

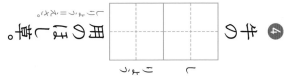

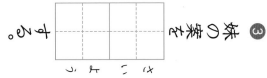

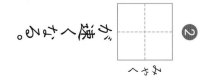

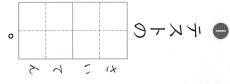

50 確認《かくにん》テスト 10

名前　　月　日　●目標 15分　　点

1 ——の漢字の読みがなを書きましょう。（一つ3点）

❶ 炭酸 飲料を飲む。（　　）

❷ 小学校の恩《おん》 師。（　　）

❸ 遠くに 山脈 が見える。（　　）

❹ 小鳥を 飼 う。（　　）

❺ 老婦人 と出会う。（　　）

❻ 米粉 でパンを作る。（　　）

❼ 祖父 と 眼科 へ行く。（　　）（　　）

❽ 液体 の 燃料 を運ぶ。（　　）（　　）

❾ 食中毒 による 事故 が起こる。（　　）（　　）

2 ——の漢字の読みがなを書きましょう。（一つ3点）

❶ 粉雪 がふる。（　　）

❷ 花粉 を運ぶみつばち。（　　）

❸ 妻 と話す。（　　）

❹ 妻子 をともなう。（　　）

 漢字を知っトク! 「婦人」は大人《おとな》の女の人，同じ読み方の「夫人」はだれかの妻である人をいうよ。使い分けに注意しよう。

3 漢字を書きましょう。（〰〰は、漢字と送りがなで書きましょう。）（一つ3点）

1. 先生ご□□《ふさい》を招く。
2. 内科の□□《いし》になる。
3. □□《ゆうどく》なガス。
4. 右目に□□《がんたい》をする。
5. □□《せんぞ》のお墓。
6. □□《こじん》をしのぶ。
7. □□《どうみゃく》を□□《けつえき》が流れる。

どうみゃく＝心臓《しんぞう》から送り出されたけつえきを運ぶ管。

8. 学級会で決を□《とる》。
9. □□《しんぷ》のドレス。
10. □□《さんそ》で物が□《もえる》。

4 同じ読み方をする漢字を書きましょう。（一つ4点）

1. 薬草を□□《さいしゅう》する。
2. □□《さいしゅう》電車
3. 牛に□□《しりょう》をやる。
4. 社会科の□□《しりょう》。

漢字を知っトク! 「しんぷ」の「ぷ」。「ふ」の前に「ん」(はねる音)があるから，「ふ」ではなく，「ぷ」と読むよ。

51 仕上げのテスト 1

名前
月　日
目標 15分
点

1 ——の漢字の読みがなを書きましょう。（一つ3点）

❶ 暗示（　　）をかける。
暗示＝人の考えなどを無意識のうちにある方向へ導くこと。

❷ 少年の非行（　　）に目を光らす。

❸ 厚（　　）みのあるふとん。

❹ 単独（　　）で世界一周を目指す。

❺ 造船（　　）の技術。

❻ 余談（　　）だが食事も出るらしい。
余談＝本すじをはなれた話。

❼ 内容を口述（　　）する。

❽ 書類を複写（　　）する。
複写＝写し取ること。コピーすること。

2 漢字を書きましょう。（一つ3点）

❶ てきせつ［　　　　］に判断する。

❷ ぼうさい［　　　　］に関心をもつ。

❸ 作者の りゃくれき［　　　　］。
りゃくれき＝それまでの仕事や学業についてかんたんに書いたもの。

❹ 入場を せいげん［　　　　］する。

❺ 預金《よきん》の りりつ［　　　　］。
りりつ＝元のお金に対するりしの割合《わりあい》。

❻ ぎゃっきょう［　　　　］に打ち勝つ。
ぎゃっきょう＝自分の思う通りにいかず、苦しい立場。

❼ べんごし［　　　　　　］になる。

❽ 身元を ほしょう［　　　　］する。

 漢字を知っトク！ 上に「非」が付く言葉には，「非公式」「非常識」「非人情」など，三字の言葉もたくさんあるよ。

3 漢字を書きましょう。（〰〰は、漢字と送りがなで書きましょう。）（一つ2点）

1 消火器をじゅんびして火事にそなえる。

2 せいかくなデータかどうかたしかめる。

4 □の漢字に共通して付けられる部首の形を書きましょう。（一つ3点）

1	寅	夜	可	昆
2	召	支	采	是
3	分	代	次	弗
4	牛	亭	壬	反

（　　）（　　）（　　）（　　）

5 意味のちがいに気をつけて、同じ読み方をする漢字を書きましょう。（〰〰は、漢字と送りがなで書きましょう。）（一つ4点）

1 仕事からかいほうされる。

2 病がかいほうに向かう。

3 ようりょうがいい人。

4 ようりょうの大きい箱。

5 学業をおさめる。

6 一国をおさめる。

7 試合にやぶれる。

8 紙がやぶれる。

52 仕上げのテスト 2

名前　　月　日　　点　目標 15分

1 読み方のちがいに注意して、――の漢字の読みがなを書きましょう。（一つ2点）

❶ 長い年月を 経 る。（　　）
❷ 二時間が 経過 する。（　　）

❸ 弁護士を 志望 する。（　　）
❹ 志 が高い。（　　）

❺ 留守 にする。（　　）
❻ イギリスに 留学 する。（　　）
❼ 心に 留 める。（　　）

❽ 外国との 貿易。（　　）
❾ 安易 に考える。（　　）
❿ 易 しい問題。（　　）

2 □に当てはまる漢字を後の□から一つずつ選んで、❶〜❹は似た意味の漢字を組み合わせた言葉、❺〜❽は反対の意味の漢字を組み合わせた言葉を作りましょう。（一つ3点）

❶ □富　❷ □答　❸ □育　❹ 表□

❺ 損□　❻ □減　❼ 新□　❽ 往□

増　豊　旧　復　飼　比　現　益　応　囲

 漢字を知っトク！「こころざす」と読むときには「志す」と送りがなを付けるよ。「志」との読み方のちがいに注意しよう。

3 似た形に注意して、同じ読み方をする漢字を書きましょう。（一つ3点）

❶ □《こう》習を受ける。
❷ 絵の□《こう》図を考える。
❸ 鉱物を□《けん》査する。
❹ 危《き》□《けん》を知らせる。
❺ 原□《そく》を守る。
❻ 結果を予□《そく》する。
❼ 一学期の成□《せき》。
❽ □《せき》任がある。

4 赤い部分は何画目に書きますか。数字で答えましょう。（一つ2点）

❶ 常（　）画目
❷ 妻（　）画目
❸ 際（　）画目
❹ 似（　）画目

5 ❶～❹は反対の意味の言葉、❺～❽は似た意味の言葉を漢字で書きましょう。（一つ3点）

❶ □□《きんし》 ↔ ❷ □□《きょか》
❸ □□《こじん》 ↔ ❹ □□《だんたい》
❺ □□《かんこう》 ― ❻ □□《しゅっぱん》
❼ □□《かんしん》 ― ❽ □□《きょうみ》

漢字を知っトク！ 反対の意味の言葉や似た意味の言葉には，一字が共通している言葉もあるよ。「直接」↔「間接」，「限度」―「限界」などだね。

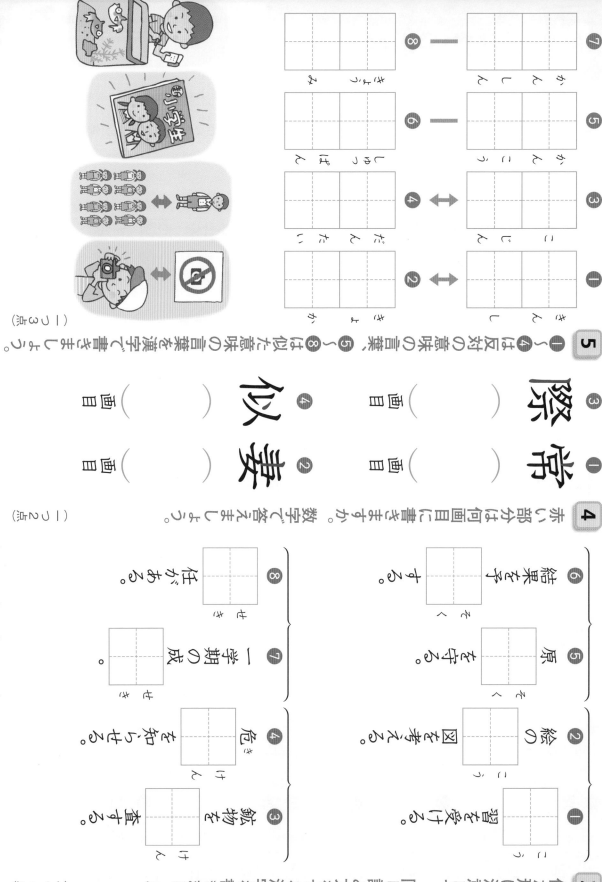

53 仕上げのテスト 3

名前

月　日

目標 15分

点

1 似た形に注意して、——の漢字の読みがなを書きましょう。（一つ3点）

❶ 歴史の知識。（　　）

❷ 新しい職場。（　　）

❸ 能力が高い。（　　）

❹ 態度を見直す。（　　）

❺ 小学生対象の教材。（　　）

❻ 想像上の生き物。（　　）

❼ 精神を集中する。（　　）

❽ 情報を集める。（　　）

2 各文の□には同じ漢字が入ります。当てはまる漢字を書きましょう。（一つ3点）

❶ 白い□地を全員に均等に配□する。

❷ □えるものは可□ごみに分別する。

❸ □線道路ぞいに大きな□の桜の木がならぶ。

❹ □付をするために店に□る。

❺ □風におどろいて馬が□れる。

❻ 力のある指□者が国民を□く。

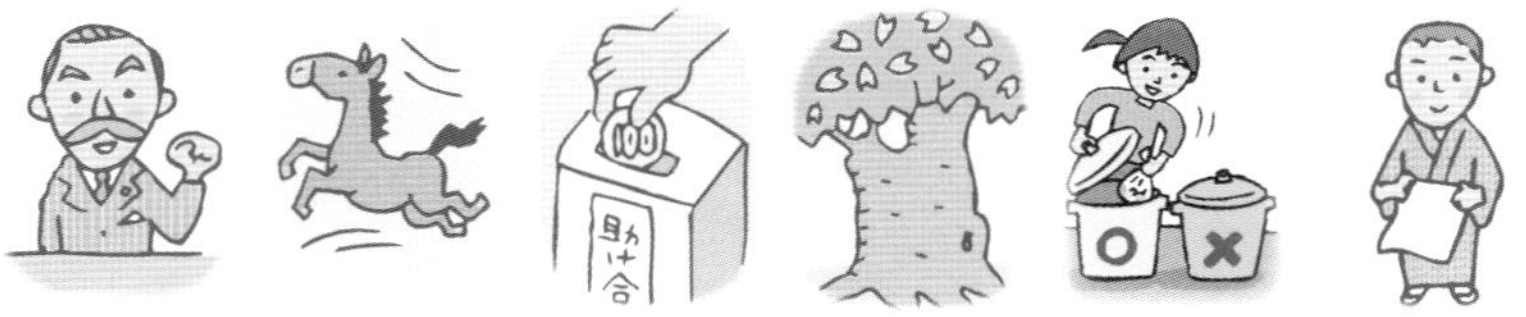

 漢字を知っトク！「精」の部首は「こめへん」、「情」の部首は「りっしんべん」だよ。

3 漢字と送りがなで書きましょう。（一つ4点）

❶ 畑を□《たがやす》。

❷ □《ふたたび》始まる。

❸ 地位を□《きずく》。

❹ 店を□《いとなむ》。

4 同じ読み方で意味のちがう言葉を漢字で書きましょう。（一つ3点）

❶ 君の意見に□□《さんせい》だ。

❷ □□《さんせい》雨《う》がふる。

❸ □□《しゅうかん》誌《し》を読む。

❹ 早起きの□□《しゅうかん》。

❺ 薬の□□《こうか》が出る。

❻ □□《こうか》な食材。

❼ 気象□□《えいせい》の画像。

❽ □□《えいせい》中立国

えいせい＝いつのよ、までも続くこと。

5 漢字しりとりをします。↓の順に読めるように、当てはまる漢字を後の□から一つずつ選んで、漢字二字の言葉を作りましょう。（一つ2点）

❶ 混□ ↓ □木 ↓ 木□ ↓ □品 ↓ 品□

❷ 念□ ↓ □教 ↓ 教□ ↓ □業 ↓ 業□

❸ 初□ ↓ □中 ↓ 中□ ↓ □面 ↓ 面□

断　質　接　仏　雑　夢　製　授　務

54 仕上げのテスト 4

名前　月　日　目標 15分　点

1 読み方のちがいに注意して、――の漢字の読みがなを書きましょう。（一つ3点）

❶ 新居 の 居間 に大きなソファーを運びこむ。

❷ わかい 武士 が 武者 修行《しゅぎょう》の旅に出る。

❸ 小判 が本物かどうか専門家《せんもんか》に 判断 してもらう。

❹ スポーツカーとして 典型 的なデザインの 旧型 車。

2 □に当てはまる漢字を後の□から二つずつ選んで、次の意味に合う二字の言葉を作りましょう。（一つ4点）

❶ ある物事を引き起こすもとになること。

❷ つみやまちがいについてあやまること。

❸ 価値《かち》のあるお金や品物など。

❹ 国と国との間で結び、文書にした取り決め。

原　約　条　罪　産　謝　因　財

 漢字を知っトク! 「小判」や「大判」のように，「判」は昔の日本で使われた金貨を表す意味もあるよ。

3 同じ部首をもつ漢字を書きましょう。（一つ3点）

1 二十一世□《き》―会社組□《しき》―長□《へん》小説

2 公会□《どう》―□《き》本練習―高気□《あつ》

3 □《せい》治家―交通事□《こ》―人命□《きゅう》助

4 □《い》動図書館―所得□《ぜい》―五分□《てい》度

4 次の漢字は何画で書きますか。数字で答えましょう。（一つ2点）

1 貿（　）画

2 序（　）画

3 航（　）画

4 脈（　）画

5 属（　）画

6 婦（　）画

5 ばらばらになった漢字の部分をうまく組み合わせて、二字の言葉を作りましょう。（一つ4点）

例 ム　口　戸　斤 → 台所

1 色　糸　日　京 →

2 子　言　女　平 →

3 十　充　糸　言 →

漢字を知っトク! 「せき」の「き」や「組しき」の「しき」には，部首のちがう，形の似た字があるよ。部首に注意して書こう。

答えとてびき

小学5年　漢字

1 四年生の復習《ふくしゅう》　3・4ページ

★1 ①べんり　②とくべつ　③しっぱい
④きせつ　⑤いんさつ　⑥がいとう
⑦しゅうへん　⑧やくそく　⑨じてん
⑩ぼうえんきょう　⑪かんせい
⑫けっせき
⑬せっきょくてき・たたか
⑭せんきょ・さんか
⑮しけん・けっか

★2 ①案内　②健康　③栄養　④包帯
⑤愛読書　⑥順位　⑦英語　⑧観察
⑨治める　⑩改める　⑪必ず
⑫覚ます

★3 ①塩・未満　②冷　③焼

2 設・基・構・造・築　5・6ページ

★1 ①設　②設　③基　④構　⑤構
⑥造　⑦造　⑧築

★2 ①き　②けんせつ　③ぞうか
④かいちく　⑤きち　⑥せっち
⑦きず　⑧かま
⑨さけづく(さかづく)　⑩こうぞう

★3 ①構成　②新築　③基金　④設計
⑤造　⑥設　⑦木造・建築　⑧基本
⑨構う　⑩造る

3 保・支・護・衛・救　7・8ページ

★1 ①保　②保　③支　④支　⑤護
⑥衛　⑦救護　⑧救

★2 ①えい　②きゅうご　③ほけんしつ
④きゅうしゅつ　⑤してん　⑥ほおん
⑦あいご　⑧きゅうきゅう
⑨しきゅう　⑩ごえい

★3 ①衛生　②救助　③保護　④護
⑤保育園　⑥支持　⑦支出・保
⑧衛星　⑨救う　⑩支える

4 報・示・応・提・述　9・10ページ

★1 ①報　②示　③示　④応　⑤応　⑥提
⑦述　⑧述

★2 ①しめ　②はんのう　③ていじ
④ほう　⑤ていあん　⑥きじゅつ
⑦たいおう　⑧ひょうじ　⑨ほうどう
⑩てごた

★3 ①応　②予報　③指示　④提出　⑤示
⑥述語　⑦応用　⑧報・提　⑨述べる
⑩応える

5 識・独・興・告・志　11・12ページ

★1 ①識　②独　③独　④興　⑤興　⑥告
⑦志　⑧志

★2 ①きょう　②ひと　③ちしき
④ほうこく　⑤こう　⑥いし
⑦こころざし　⑧どくとく　⑨しき
⑩こくはく

★3 ①興味　②標識　③興　④意識
⑤志望　⑥独立　⑦志・告　⑧独
⑨広告　⑩志す

6 確認《かくにん》テスト 1　13・14ページ

1 ①じえい　②たんどく　③こうぞう
④つ　⑤おう　⑥すく
⑦ようご・ほかん　⑧ゆうし・こう
⑨こうそう・の

2 ①せつ　②もう　③ちく　④きず

3 ①意識　②救急車　③独身　④提出
⑤速報　⑥志望　⑦予告　⑧保つ
⑨基本・示す　⑩建築家・志す

4 ①造　②作　③指示　④支持

てびき
1 ⑧「興」には「キョウ」の音読みもある

ので読み分けに注意しましょう。

3 ③「独」の「犭」は、二つの左はらいのつき出る・つき出ないに気をつけて書きます。⑥「志」の上を「土」としないように注意。

4 ④「支持」は、人の意見や行動に賛成《さんせい》して、その人に力を貸《か》すという意味です。

7 務・政・総・税・勢 15・16ページ

1 ①務 ②務 ③政 ④総 ⑤総 ⑥税 ⑦勢 ⑧勢

2 ①そうごう ②ぜい ③こうむいん ④かんぜい ⑤けいせい ⑥む ⑦そうかい ⑧そうりだいじん ⑨うんせい ⑩こくせい

3 ①政治 ②勢力 ③税金 ④大勢 ⑤事務 ⑥総画数 ⑦政 ⑧総合・務 ⑨勢い ⑩務める

8 編・布・織・績・綿 17・18ページ

1 ①編 ②編 ③布 ④織 ⑤織 ⑥績 ⑦綿 ⑧綿

2 ①さんぷ ②こうせき ③へんきょく ④わた ⑤ぬの ⑥めんか ⑦じっせき ⑧はいふ ⑨せいせき ⑩おりもの

3 ①編集 ②組織 ③毛布 ④綿毛 ⑤分布 ⑥長編 ⑦綿糸・布 ⑧業績 ⑨織る ⑩編む

9 断・接・寄・絶・導 19・20ページ

1 ①断 ②断 ③接 ④寄 ⑤寄 ⑥絶 ⑦導 ⑧導

2 ①せっきん ②むだん ③かんせつ ④せんどう ⑤せつぞく ⑥よ ⑦だんめん ⑧きこう ⑨た ⑩ぜっけい

3 ①導入 ②寄付 ③絶対 ④接種 ⑤導火線 ⑥横断 ⑦直接・指導 ⑧接着 ⑨断る ⑩導く

10 移・居・留・囲・招 21・22ページ

1 ①移 ②移 ③居 ④留 ⑤囲 ⑥囲 ⑦招 ⑧招

2 ①ざんりゅう ②しんきょ ③うつ ④かこ ⑤いま ⑥ほりゅう ⑦てまね ⑧いてん ⑨と ⑩どうきょ

3 ①周囲 ②移動 ③留学 ④招待 ⑤移住 ⑥留守番 ⑦包囲 ⑧住居・移 ⑨囲 ⑩招く

11 確認《かくにん》テスト2 23・24ページ

1 ①いなお ②じっせき ③そうけい ④ちかよ ⑤ぎょうせい ⑥しょうしゅう ⑦たんぺんしゅう・はいふ ⑧じむ・しどう ⑨ぜっけい・いどう

2 ①めんおりもの ②わたげ ③りゅうがく ④るす

3 ①別居 ②務 ③運勢 ④寄付 ⑤税 ⑥編 ⑦接近 ⑧絶える ⑨政府・断 ⑩組織・導く

4 ①包囲 ②方位 ③招待 ④正体

てびき

1 ①「居」も「直」も訓読みで読みます。

3 ⑤へんは「木」ではなく「禾」です。上の左はらいを忘《わす》れないようにしましょう。⑧送りがなを「る」としないようにします。

4 ①は、とりかこむ、②は、東・西・南・北などの向きという意味の言葉です。

12 経・営・輸・易・貿 25・26ページ

1 ①経 ②経 ③営 ④営 ⑤輸 ⑥易 ⑦易 ⑧貿易

2 ①へ ②ゆしゅつ ③こうえき ④うんえい ⑤やさ ⑥ぼうえきふう ⑦いとな ⑧しんけい ⑨い ⑩ゆけつ

3 ①経営 ②安易 ③空輸 ④経
⑤貿易 ⑥市営 ⑦輸送
⑧営業・経験 ⑨易しい ⑩営む

13 規・制・判・弁・則 27・28ページ

1 ①規 ②規 ③制 ④制 ⑤判 ⑥判
⑦弁 ⑧則

2 ①とうべん ②おおばん ③せいやく
④こうそく ⑤じょうぎ ⑥べんご
⑦きてい ⑧せいし ⑨はんてい
⑩き

3 ①規制 ②判 ③弁当箱 ④制服
⑤判断 ⑥法則 ⑦制 ⑧花弁
⑨規則・制度 ⑩判明

14 過・適・増・減・余 29・30ページ

1 ①過 ②適 ③増 ④増 ⑤減 ⑥減
⑦余 ⑧余

2 ①ぞうすい ②あま ③てきとう
④よぶん ⑤つうか ⑥ま ⑦かげん
⑧かこ ⑨へ ⑩てきど

3 ①減少 ②適切 ③増加 ④余 ⑤過
⑥減点 ⑦適・過 ⑧経過 ⑨余計
⑩増える

15 非・雑・複・迷・混 31・32ページ

1 ①非 ②雑 ③雑 ④複 ⑤迷 ⑥混
⑦混 ⑧混

2 ①ま ②ざっそう ③ひ ④こ
⑤ざつよう ⑥ふくごうご
⑦こんどう ⑧ぞうきばやし
⑨ざつだん ⑩まよ

3 ①混雑 ②非売品 ③雑 ④非
⑤混合 ⑥複数 ⑦雑音・混 ⑧非礼
⑨複雑 ⑩迷う

16 確認《かくにん》テスト 3 33・34ページ

1 ①ちょうふく(じゅうふく)
②よはく ③はんそく ④ぞうだい
⑤きやく ⑥えきしゃ
⑦ま・さいてき ⑧ひれい・べん
⑨ふくざつ・まよ

2 ①ぞうきばやし ②ざっそう
③こうえき ④あんい

3 ①制止 ②小判 ③過労 ④経
⑤判決 ⑥弁明 ⑦非 ⑧易しい
⑨輸入・増える ⑩貿易会社・営む

4 ①減量 ②原料 ③造花 ④増加

てびき

1 ⑥「易」を「うらない」の意味で使うときは、「エキ」と読みます。

2 ①「雑」を「ゾウ」と読む言葉には、他に「雑すい」「雑煮《ぞうに》」などがあります。

3 ①「静止」と書かないようにしましょう。
⑩「営」の上の「⺍」は、それぞれの画の向きに注意して書きましょう。

17 情・義・厚・士・潔 35・36ページ

1 ①情 ②情 ③情 ④義 ⑤義 ⑥厚
⑦士 ⑧潔

2 ①ひょうじょう ②ふけつ ③へいし
④ゆうじょう ⑤ぎ ⑥ぶあつ
⑦なさ ⑧せいぎ ⑨はくし(はかせ)
⑩こうけつ

3 ①意義 ②情報 ③厚紙 ④清潔
⑤義務 ⑥士 ⑦義理・人情 ⑧力士
⑨情け ⑩厚い

18 殺・武・破・圧・暴 37・38ページ

1 ①殺 ②殺 ③武 ④破 ⑤破 ⑥圧
⑦暴 ⑧暴

2 ①そうは ②ぶし ③ぼうりょく
④やぶ ⑤さっちゅう ⑥ぶき
⑦どくは ⑧けつあつ ⑨ころ
⑩じゅうあつ

3 ①破産 ②圧力 ③暴風雨 ④武力
⑤気圧 ⑥殺気・暴 ⑦暴言 ⑧武者
⑨破る ⑩殺す

19 評・効・比・豊・似 39・40ページ

1 ①評 ②効 ③効 ④比 ⑤比 ⑥豊 ⑦豊 ⑧似

2 ①ほうふ ②こう ③ていひょう ④ひじゅう ⑤こうよう ⑥に ⑦こうひょう ⑧ほうりょう ⑨き ⑩ひれい

3 ①効果 ②豊作 ③対比 ④効 ⑤評・比 ⑥似顔絵 ⑦評判 ⑧有効 ⑨似合 ⑩豊か

20 任・率・責・統・領 41・42ページ

1 ①任 ②任 ③率 ④率 ⑤責任 ⑥責 ⑦統 ⑧領

2 ①にんき ②りょうど ③じせき ④とういつ ⑤にんめい ⑥じゅうせき ⑦ばいりつ ⑧まか ⑨とうけい ⑩ほんりょう

3 ①領地 ②伝統 ③打率 ④責任 ⑤率 ⑥責 ⑦統治・任 ⑧大統領 ⑨任務 ⑩率いる

21 確認《かくにん》テスト 4 43・44ページ

1 ①ふひょう ②ようりょう ③ぼうとう ④とうごう ⑤あっ ⑥ぶどう ⑦くら・ひょう ⑧かんじょう・ゆた ⑨りきし・むしゃ

2 ①こうりょく ②き ③ひりつ ④ひき

3 ①大破 ②殺風景 ③潔白 ④似 ⑤責任感 ⑥義務 ⑦民主主義 ⑧暴れる ⑨大統領・重責 ⑩武器・任せる

4 ①敗 ②破 ③熱 ④厚

てびき

1 ⑥・⑨「武」の音読みには、「ブ」と「ム」の二つがあります。

3 ④「似」の真ん中の点や、⑥「義」の「我」の部分にある点を忘《わす》れずに書きましょう。

4 「あつ(い)」は、③は物の温度が高い、④は心がこもっているという意味で使われています。

22 像・演・象・型・仏 45・46ページ

1 ①像 ②演 ③象 ④象 ⑤型 ⑥型 ⑦仏 ⑧仏

2 ①じんぶつぞう ②ねんぶつ ③こがた ④ぞう ⑤こうえん ⑥ぞう ⑦ほとけさま ⑧たいしょう ⑨しゅえん ⑩てんけい

3 ①想像 ②出演 ③仏像 ④象 ⑤仏 ⑥新型 ⑦大仏・画像 ⑧印象 ⑨演説 ⑩大型

23 能・可・解・許・禁 47・48ページ

1 ①能 ②能 ③可 ④解 ⑤解 ⑥許 ⑦許 ⑧禁

2 ①かいけつ ②きんもつ ③きょ ④のうりつ ⑤かいせつ ⑥と ⑦ふかのう ⑧とっきょ ⑨きんしゅ ⑩ほんのう

3 ①許可 ②解答 ③能力 ④理解 ⑤可能 ⑥禁止・解 ⑦可決 ⑧才能 ⑨解禁 ⑩許す

24 現・在・久・永・旧 49・50ページ

1 ①現 ②現 ③在 ④久 ⑤久 ⑥永 ⑦永 ⑧旧

2 ①あらわ ②げんきん ③きゅうどう ④ざいこ ⑤えいじゅう ⑥きゅうしき ⑦げんじつ ⑧ざいこうせい ⑨ひさ ⑩えいきゅう

3 ①表現 ②旧友 ③在 ④永遠 ⑤実在 ⑥久・旧 ⑦現在 ⑧持久走 ⑨永い ⑩現す

25 術・職・技・険・測 51・52ページ

1
①術 ②職 ③技 ④技 ⑤険 ⑥険
⑦測 ⑧測

2
①ほけん ②よそく ③しょくば
④はか ⑤げいじゅつ ⑥そくてい
⑦けわ ⑧しょくにん ⑨ぎのう
⑩けんあく

3
①競技 ②手術 ③職員室 ④特技
⑤職業 ⑥測量・技術 ⑦険 ⑧観測
⑨測る ⑩険しい

26 確認《かくにん》テスト 5 53・54ページ

1
①じつぞう ②いじゅつ ③かんそく
④あ ⑤しんがた ⑥きん
⑦ひさ・きゅうゆう ⑧かのう・と
⑨げんだい・ぶっきょう

2
①えいえん ②すえなが ③きょか
④ゆる

3
①演 ②気象 ③美術 ④演技
⑤解決 ⑥能力 ⑦新旧 ⑧解ける
⑨現在・職業 ⑩石像・現す

4
①保険 ②保健 ③測 ④計

てびき

1 ⑧「可能」の反対の意味の言葉は、「不可能」です。

3 ③「術」は同じ読みの「述」とまちがえないようにしましょう。

⑧「解ける」は、他に「問題が解ける」「雪が解ける」などのような場合に使います。

4 ③「測(る)」は、長さ・高さ・広さなどを調べる場合、④「計(る)」は、時間や数などを数える場合に使います。また、容積《ようせき》や重さを調べる場合は「量(る)」を使います。

27 性・格・質・素・個 55・56ページ

1
①性 ②性 ③格 ④格 ⑤質 ⑥質
⑦素 ⑧個

2
①せいしつ ②ようそ ③こせい
④そしつ ⑤じんかく ⑥ざいしつ
⑦こべつ ⑧ひんしつ ⑨そ
⑩ぶかっこう

3
①合格 ②質問 ③個人 ④体格
⑤習性 ⑥質素 ⑦個・性格 ⑧素材
⑨性能 ⑩体質

28 桜・河・幹・枝・耕 57・58ページ

1
①桜 ②河 ③河 ④幹 ⑤幹 ⑥枝
⑦耕 ⑧耕

2
①かわ ②しんかんせん ③こえだ
④かんせんどうろ ⑤こうさく
⑥ひょうが ⑦えだわ ⑧はざくら
⑨えだみち ⑩こうち

3
①幹事 ②河口 ③農耕 ④銀河
⑤桜・枝 ⑥幹 ⑦運河 ⑧桜前線
⑨枝豆 ⑩耕す

29 貸・復・停・航・往 59・60ページ

1
①貸 ②復 ③復 ④停 ⑤航 ⑥航
⑦往 ⑧往

2
①ふっき ②おうろ ③しゅっこう
④かいふく ⑤おうねん ⑥ていしゃ
⑦ふっきゅう ⑧か
⑨ていりゅうじょ ⑩こうろ

3
①往復 ②航海 ③停止 ④復習
⑤航空機 ⑥復・貸 ⑦反復 ⑧往来
⑨停電 ⑩貸す

30 確・容・証・検・査 61・62ページ

1
①確 ②確 ③容 ④容 ⑤証 ⑥証
⑦検 ⑧査

2
①ようりょう ②かくじつ ③けんさ
④たし ⑤けんざん ⑥ようせき
⑦しょうめい ⑧こうさ ⑨けんてい
⑩しょうにん

3
①点検 ②確信 ③検温 ④美容院
⑤容器 ⑥調査 ⑦正確・証言
⑧内容 ⑨保証 ⑩確かめる

31 確認《かくにん》テスト 6 63・64ページ

1 ①たがや ②てんけん ③いっこ ④けっこう ⑤うおうさおう ⑥しっそ ⑦しゅうせい・ちょうさ ⑧しょうげん・ないよう ⑨こうぐ・か

2 ①かんじ ②みき ③かこう ④かわ

3 ①復活 ②性格 ③検証 ④容量 ⑤正確 ⑥質問 ⑦共通性 ⑧検査 ⑨航路・往復 ⑩素材・確かめる

4 ①桜 ②枝 ③個 ④停

てびき

1 ③「いっこ」や⑥「しっそ」など、下の字との結び付きで、つまって読む読み方に注意しましょう。

3 ②「性格」と⑤「正確」のように、同じ読み方で別の言葉があることがあります。意味をよく考えてから書くようにしましょう。

4 ①・②「木」(きへん)は、木や木から作られたものに関係する字に付く部首です。

32 価・得・損・益・貧 65・66ページ

1 ①価 ②価 ③得 ④得 ⑤損 ⑥益 ⑦貧 ⑧貧

2 ①そんとく ②とくい ③ゆうえき ④ていか ⑤びん ⑥そん ⑦ひょうか ⑧まず ⑨ぶっか ⑩じつえき

3 ①破損 ②価格 ③得点 ④損害 ⑤無益 ⑥高価 ⑦利益・損失 ⑧説得 ⑨得る ⑩貧しい

33 資・額・財・費・貯 67・68ページ

1 ①資 ②資 ③額 ④額 ⑤財 ⑥費 ⑦費 ⑧貯

2 ①こうがく ②ざいせい ③かいひ ④しきん ⑤はんがく ⑥しざい ⑦ちょすいち ⑧かざい ⑨ぶっし ⑩りょひ

3 ①資格 ②金額 ③食費 ④財産 ⑤資料 ⑥文化財 ⑦多額・費用 ⑧貯金 ⑨額 ⑩貯

34 張・境・団・舎・墓 69・70ページ

1 ①張 ②張 ③境 ④境 ⑤団 ⑥舎 ⑦墓 ⑧墓

2 ①こっきょう(くにざかい) ②はかまい ③だんち ④しゅくしゃ ⑤しんきょう ⑥えきしゃ ⑦しゅっちょう ⑧しゅうだん ⑨きょうかい ⑩ぼぜん

3 ①団結 ②校舎 ③墓地 ④境 ⑤墓 ⑥団体戦 ⑦県境・墓場 ⑧主張 ⑨官舎 ⑩張る

35 備・準・防・災・犯 71・72ページ

1 ①備 ②備 ③準 ④準 ⑤防 ⑥防 ⑦災 ⑧犯

2 ①ぼうか ②よび ③せんさい ④びひん ⑤はんこう ⑥きじゅん ⑦せつび ⑧しょうぼうだん ⑨じゅんび ⑩てんさい

3 ①整備 ②防止 ③人災 ④防犯 ⑤水準 ⑥準決勝 ⑦災害・予防 ⑧犯人 ⑨防ぐ ⑩備える

36 確認《かくにん》テスト 7 73・74ページ

1 ①びん ②しさん ③しゅちょう ④ざいだん ⑤ひょうじゅん ⑥さかいめ ⑦はん・ふせ ⑧がくしゃ・ぼち ⑨かかく・ふりえき

2 ①とくてん ②こころえ ③ひたい ④ぜんがく

3 ①張 ②貯金 ③財産 ④損益 ⑤消費 ⑥防犯 ⑦墓場 ⑧資料・準備 ⑨貧しい

⑩災害・備える

4 ①境界　②教会　③定価　④低下

てびき

1 ①「ヒン」と読まないようにしましょう。

2 ②「心」も「得」も訓読みで読みます。「心得」とは、習い覚えていることや注意すべきことをいいます。

3 ②ためたお金のことを「貯金」、銀行にあずけたお金のことは「預金《よきん》」といいます。

⑦「墓」は形の似ている「基」とまちがえないようにしましょう。

37 常・再・略・逆・序　75・76ページ

1 ①常　②常　③再　④再　⑤略　⑥逆　⑦逆　⑧序

2 ①さかだ　②じょうしき　③せんりゃく　④ぎゃくふう　⑤さいけん　⑥つうじょう　⑦さいげん　⑧つねひ　⑨じょきょく　⑩けいりゃく

3 ①序列　②正常　③逆　④逆転　⑤常　⑥順序　⑦再来週　⑧序文・省略　⑨再び　⑩逆らう

38 際・限・程・均・肥　77・78ページ

1 ①際　②限　③限　④程　⑤均　⑥肥　⑦肥　⑧肥

2 ①かぎ　②じっさい　③きげん　④こ　⑤きんとう　⑥こうさい　⑦きんいつ(きんいち)　⑧ていど　⑨げんてい　⑩ひまん

3 ①際限　②平均　③日程　④限界　⑤肥　⑥国際的　⑦均質・肥料　⑧音程　⑨肥える　⑩限る

39 製・属・精・鉱・銅　79・80ページ

1 ①製　②製　③属　④精　⑤精　⑥鉱　⑦鉱　⑧銅

2 ①しょぞく　②こう　③ふぞく　④せいさく　⑤せいど　⑥こうざん　⑦せいどく　⑧どうぞう　⑨てせい　⑩せいこん

3 ①製品　②鉱物　③精算　④銅貨　⑤鉄鉱石　⑥銅　⑦金属・製造　⑧精神　⑨製鉄所　⑩配属

40 歴・史・堂・紀・句　81・82ページ

1 ①歴　②史　③歴史　④堂　⑤紀　⑥紀　⑦句　⑧句

2 ①くとうてん　②く　③しじょう　④ふうき　⑤れきにん　⑥どうどう　⑦きげんぜん　⑧にほんし　⑨どう　⑩がくれき

3 ①食堂　②歴代　③文句　④歴史　⑤句　⑥紀行文　⑦世紀・堂　⑧史実　⑨議事堂　⑩語句

41 確認《かくにん》テスト 8　83・84ページ

1 ①どうせん　②じょれつ　③せいつう　④りゃくず　⑤れきし　⑥こうてい　⑦さらいねん・げんど　⑧こうせき・きんぞく　⑨しょくどう・つね

2 ①さか　②ぎゃくさん　③こえ　④ひりょう

3 ①肥　②世界史　③再　④均整　⑤風紀　⑥過程　⑦句点　⑧逆らう　⑨国際・再会　⑩製品・限る

4 ①銅　②鉱　③堂　④常

てびき

1 ⑦「再来～」という言い方は、他にも「再来月」「再来週」など、「次の次」の月日を表すときに使われるので覚えましょう。

3 ⑨「際」には「祭」、⑩「製」には「制」などの同じ部分をもつ字があります。注意して書きましょう。

4 ③「堂」と④「常」は、下の部分のちがいに気をつけて書きましょう。

42 版・修・講・授・刊 85・86ページ

1
①版 ②版 ③修 ④修 ⑤講 ⑥授
⑦刊 ⑧刊

2
①かいしゅう ②ちょうかん
③でんじゅ ④こうぎ ⑤しんかん
⑥じゅじゅ ⑦しゅうり ⑧はんが
⑨しゅうふく ⑩ぜっぱん

3
①出版 ②講堂 ③刊行 ④授業
⑤月刊 ⑥講習会 ⑦図版・修正
⑧講演 ⑨教授 ⑩修める

43 状・態・快・慣・仮 87・88ページ

1
①状 ②態 ③快 ④快 ⑤慣 ⑥慣
⑦仮 ⑧仮

2
①かんしゅう ②じったい
③かいちょう ④かせつ ⑤たいせい
⑥げんじょう ⑦かてい ⑧な
⑨れいじょう ⑩かいかん

3
①仮 ②習慣 ③仮面 ④快晴
⑤事態 ⑥年賀状 ⑦病状
⑧不快・態度 ⑨快い ⑩慣れる

44 件・条・因・謝・罪 89・90ページ

1
①件 ②条 ③条 ④因 ⑤謝 ⑥謝
⑦罪 ⑧罪

2
①はいいん ②ようけん ③しゃざい
④じょうれい ⑤よういん
⑥めんかいしゃぜつ
⑦ざいにん(つみびと) ⑧じょう
⑨げっしゃ ⑩じょうけん

3
①感謝 ②犯罪 ③条約 ④物件
⑤罪 ⑥因果関係 ⑦無罪
⑧事件・原因 ⑨謝礼 ⑩信条

45 賞・賛・喜・夢 91・92ページ

1
①賞 ②賞 ③賛 ④賛 ⑤喜 ⑥喜
⑦夢 ⑧夢

2
①さんどう ②しょうひん ③ひき

3
④まさゆめ ⑤しょうきん ⑥さんび
⑦おおよろこ ⑧しょうさん
⑨かんしょう ⑩あくむ
①夢中 ②賞状 ③自画自賛 ④喜
⑤初夢 ⑥絶賛 ⑦一等賞
⑧金賞・夢 ⑨賛成 ⑩喜ぶ

46 確認《かくにん》テスト 9 93・94ページ

1
①じゅしょうしき ②げんいん ③な
④しゅうせい ⑤むそう ⑥ひき
⑦はんぎ・じょうたい
⑧しんかん・しゅっぱん
⑨さんどう・かんしゃ

2
①かり ②かせつ ③つみ
④はんざい

3
①喜 ②夢 ③条例 ④礼状 ⑤実態
⑥用件 ⑦講義 ⑧修める
⑨版画・授業 ⑩謝罪・快く

4
①快晴 ②改正 ③週間 ④習慣

てびき
1 ②「げいいん」と読まないように注意しましょう。
3 ⑤「態」を「体」としないようにしましょう。ありさま・様子を表すときは、「態」を書きます。
⑩「快く」を「心良く」などと書かないようにしましょう。また、送りがなにも注意して書きましょう。
4 ④「慣」は右上の形に注意。「母」と書かないようにしましょう。

47 粉・毒・酸・液・燃 95・96ページ

1
①粉 ②粉 ③粉 ④毒 ⑤酸 ⑥液
⑦燃 ⑧燃

2
①けつえき ②さんそ ③ねんぴ
④どくやく ⑤えき ⑥こむぎこ
⑦ゆうどく ⑧も ⑨さんみ
⑩ふんまつ

3
①燃料 ②消毒 ③液状 ④花粉

⑤毒 ⑥不燃 ⑦酸性・液体 ⑧粉薬
⑨二酸化 ⑩燃える

48 師・故・婦・妻・祖 97・98ページ

1 ①師 ②師 ③故 ④故 ⑤婦 ⑥妻
⑦妻 ⑧祖

2 ①いし ②こじ ③しんぷ ④こい
⑤さいたいしゃ ⑥そぼ ⑦こうし
⑧ふさい ⑨がんそ ⑩さんふじんか

3 ①主婦 ②事故 ③教師 ④祖先
⑤妻 ⑥婦人服 ⑦祖父・故国
⑧妻子 ⑨祖国 ⑩漁師

49 採・飼・眼・脈 99・100ページ

1 ①採 ②採 ③採 ④飼 ⑤飼 ⑥眼
⑦眼 ⑧脈

2 ①すいみゃく ②さいけつ
③きんがん ④がんきゅう ⑤か
⑥さいしゅう ⑦しいく ⑧さいさん
⑨ようみゃく ⑩がんたい

3 ①採点 ②脈 ③採用 ④飼料
⑤文脈 ⑥眼科 ⑦肉眼
⑧眼前・山脈 ⑨飼う ⑩採る

50 確認《かくにん》テスト 10 101・102ページ

1 ①たんさん ②し ③さんみゃく
④か ⑤ろうふじん ⑥こめこ
⑦そふ・がんか
⑧えきたい・ねんりょう
⑨しょくちゅうどく・じこ

2 ①こなゆき ②かふん ③つま
④さいし

3 ①夫妻 ②医師 ③有毒 ④眼帯
⑤先祖 ⑥故人 ⑦動脈・血液
⑧採る ⑨新婦 ⑩酸素・燃える

4 ①採集 ②最終 ③飼料 ④資料

てびき

1 ⑥「粉」には「こ」「こな」の二つの訓読みがあるので注意しましょう。「小麦粉」「パン粉」などの「粉」も「こ」と読みます。

3 ⑧みんなの賛成・反対を調べて決める、というときには、「取る」ではなく「採る」と書きます。「採決」という言葉もあります。

⑨「新婦」は、けっこんした女の人。同じ読みの「神父」と意味を混同しないように。

4 ①は、とって集める、②は、いちばん後という意味の言葉です。

51 仕上げのテスト 1 103・104ページ

1 ①あんじ ②ひこう ③あつ
④たんどく ⑤ぞうせん ⑥よだん
⑦こうじゅつ ⑧ふくしゃ

2 ①適切 ②防災 ③略歴 ④制限
⑤利率 ⑥逆境 ⑦弁護士 ⑧保証

3 ①準備・備える ②正確・確かめる

4 ①氵 ②扌 ③貝 ④イ

5 ①解放 ②快方 ③要領 ④容量
⑤修める ⑥治める ⑦敗れる
⑧破れる

てびき

1 ⑦「口述」は、口で述べること。書いて述べることは「記述」といいます。

2 ⑦「弁護士」は「士」、「医師」は「師」と書きます。「士」と「師」の使い分けに注意しましょう。

3 同じ字の音読みと訓読みのちがいに注意しながら書きましょう。

4 ①は「さんずい」、②は「てへん」、③は「かい・こがい」、④は「にんべん」が付きます。①・②・④は左側に、③は下に部首が付くことに注意しましょう。

5 ①・②「かいほう」は他に「開放」など、③・④「ようりょう」は他に「用量」などの言葉もあります。

52 仕上げのテスト 2 105・106ページ

1 ①へ ②けいか ③しぼう
④こころざし ⑤るす ⑥りゅうがく
⑦と ⑧ぼうえき ⑨あんい ⑩やさ

2 ①豊 ②応 ③飼 ④現 ⑤益 ⑥増 ⑦旧 ⑧復

3 ①講 ②構 ③検 ④険 ⑤則 ⑥測 ⑦績 ⑧責

4 ①1 ②5 ③3 ④5

5 ①禁止 ②許可 ③個人 ④団体 ⑤刊行 ⑥出版 ⑦関心 ⑧興味

てびき

1 ⑤「留」（ル）、「守」（ス）の読みは、他の言葉ではあまり使われない読み方なので、注意して読みましょう。

2 ①〜④は似た意味の漢字を組み合わせた言葉で①ゆたか、②こたえる、③かう、④あらわす、という意味。⑤〜⑧は反対の意味の漢字を組み合わせた言葉で⑤損害↕利益、⑥増える↕減る、⑦新しい↕ふるい、⑧ゆく↕かえる、という意味。

3 他にも③・④には「験」、⑤・⑥には「側」、⑦・⑧には「積」の似た形の字があります。

4 ①上の「⺍」の部分は、真ん中→左→右の順に書きます。

5 ③・④「個人戦」↕「団体戦」のように、言葉を足してみると、反対の関係がわかりやすくなります。

53 仕上げのテスト 3

107・108ページ

1 ①ちしき ②しょくば ③のうりょく ④たいど ⑤たいしょう ⑥そうぞう ⑦せいしん ⑧じょうほう

2 ①布 ②燃 ③幹 ④寄 ⑤暴 ⑥導

3 ①耕す ②再び ③築く ④営む

4 ①賛成 ②酸性 ③週刊 ④習慣 ⑤効果 ⑥高価 ⑦衛星 ⑧永世

5 ①雑・製・質 ②仏・授・務 ③夢・断・接

てびき

1 ①「識」（シキ）と②「職」（ショク）のように、似た形でも同じ読み方をするとは限りません。よく注意して読みましょう。

2 ①は、「布地」（ぬのジ）「配布」（ハイフ）という言葉ができます。

3 ①「たがやさない」、「たがやします」のように言葉の形を変えてみて、形の変わる部分から送りがなを付けます。

4 ③を「週間」、⑦を「衛生」と書かないように気をつけましょう。

5 ①「こんざつ」→「ぞうき」→「もくせい」、③「はつゆめ」→「むちゅう」と読み方が変わっていることに注意しましょう。

54 仕上げのテスト 4

109・110ページ

1 ①しんきょ・いま ②ぶし・むしゃ ③こばん・はんだん ④てんけい・きゅうがた

2 ①原因 ②謝罪 ③財産 ④条約

3 ①紀・織・編 ②堂・基・圧 ③政・故・救 ④移・税・程

4 ①12 ②7 ③10 ④10 ⑤12 ⑥11

5 ①絶景 ②好評 ③統計

てびき

1 ③「小判」（こバン）、④「旧型」（キュウがた）のように、上と下で音読み、訓読みがちがう言葉に注意しましょう。

2 漢字一つ一つの意味を考えて、説明の文に合う漢字をさがしてみましょう。④「条」には一つずつ示した文、「約」にはとりきめる、という意味があります。

3 ①は「いとへん」、②は「つち」、③は「のぶん・ぼくにょう・ぼくづくり」、④は「のぎへん」の部首をもつ漢字です。

4 ③最後の画は、折れてから曲げてはねます。④右側の部分は、六画で書きます。つなげて書かないように注意しましょう。

5 まず、四つの部分から二つを組み合わせて一つの漢字を作ってみましょう。左右や上下など、さまざまな組み合わせが考えられます。

9 8 7 6 5 4
D C B A

【イラスト】 artbox, ユニックス